池上彰と考える

災害とメディア

2 防災・減災のための災害予測

監修
池上彰

目　次

はじめに

命を守る行動を

ジャーナリスト

池上　彰

大地震《おおじしん》の後には大津波《おおつなみ》がくる

わたしはかつてNHK社会部の記者時代、災害取材専門《さいがいしゅざいせんもん》だったことがあります。台風が日本列島に接近すると気象庁《きしょうちょう》から中《ちゅう》継《けい》し、大雨の災害が発生すると現場《げんば》に急行。現場から中継しました。災害担当《さいがいたんとう》でなくなった後も、大きな災害が起きると、取材にかけつけました。

1983年5月、日本海中部を震源《しんげん》とする地震《じしん》が起きると、日本海沿岸《にほんかいえんがん》に大津波《おおつなみ》が押《お》し寄《よ》せました。当時は、「日本海で地震が起きても大津波は起きない」という根拠《こんきょ》のない思いこみをしていた人が多く、被害《ひがい》が広がりました。

この時、男鹿半島《おがはんとう》の加茂青砂海岸《かもあおさかいがん》に遠足に来ていた小学生たちが波にのまれ、児童13人が亡《な》くなりました。わたしは、この海岸で子どもたちの遺体《いたい》の引き上げに立ち会いました。子どもたちの姿《すがた》をいまも忘《わす》れることができません。大地震《おおじしん》があれば大津波が来るのだ。この危険《きけん》を胸《むね》に刻《きざ》みました。

その後、NHKのニュースキャスターになりましたが、放送中は、「いま大地震がきたら、何といえば被害を減《へ》らすことができるだろう」と常に自問自答していました。放送中に「津波がくるから逃《に》げろ」といえば、少しでも被害を少なくすることができるのではないかと思っていたからです。

それだけに2011年3月に起きた東日《ひがしに》本大震災《ほんだいしんさい》は衝撃《しょうげき》でした。三陸海岸には、過去にも何度となく大津波が押し寄せてきました。昔の人は、その教訓を石碑《せきひ》に刻み、「これより下に家を建てるな」などと残していました。

しかし、いつしか石碑はこけむし、人々は言い伝えを忘《わす》れていました。悲劇《ひげき》の教訓をきちんと伝承《でんしょう》すること。それが大切なのです。

過去には新聞やテレビ、ラジオもありませんでしたから、人々は石碑を残すしかあ

りませんでした。石碑が当時のメディアだったのです。でも、いまは違《ちが》います。さまざまなメディアがあります。わたしたちは、このメディアを有効《ゆうこう》に活用しなければなりません。

弱い地盤《じばん》は危険《きけん》だ

1995年1月には阪神《はんしん》・淡路大震災《あわじだいしんさい》がありました。この時もわたしは地震《じしん》の直後に現場《げんば》に入りました。被災地《ひさいち》をずっと歩いているうちに、まるで船酔《ふなよ》いのような気分になりました。建物が、バラバラな方向に傾《かたむ》いているため、平衡感覚《へいこうかんかく》がおかしくなってしまったのです。

神戸の街は大きな被害《ひがい》を受けましたが、地盤《じばん》の違《ちが》いで被害の大きさも異《こと》なりました。高台の地盤がしっかりしている所では、被害は比較的《ひかくてき》軽くてすんでいました。ところが、平地の地盤が弱い所では木造住《もくぞうじゅう》宅《たく》が軒並《のきな》みつぶれ、住んでいた人の多くが家の下敷《したじ》きになって亡《な》くなりました。地震が起きたのが午前5時46分だったので、まだ寝《ね》ていた人が多く、逃《に》げられなかったのです。

地盤が弱い土地では、しっかりとした建物を建てなければいけないのです。

災害《さいがい》による悲劇《ひげき》はもういやだ

1986年11月には伊豆半島《いずはんとう》の三原山が大噴火《だいふんか》し、伊豆大島の島民約1万人が避難《ひなん》しました。噴火による犠牲者《ぎせいしゃ》を出さずに避難することができたのです。この時わたしは、島民が避難した後の島に入り、取材を続けました。火山学者から「再び大噴火が起きたら危《あぶ》ない」といわれ、危険《きけん》を覚悟《かくご》しての取材でした。

伊豆大島は、三原山の噴火によって誕生《たんじょう》した島です。火山の噴火が観光名物になっていたほどで、温泉《おんせん》もあります。火山の恵《めぐ》みを受けていましたが、危険と隣《とな》り合《あ》わせでもあります。これが日本なのです。

災害の危険をしっかりと知った上で、わたしたちは日本列島に暮《く》らしていかなければなりません。どのようにして危険を避《さ》けるか。この本がお役に立てれば幸いです。

巻頭《かんとう》コラム

正確《せいかく》な事前情報《じょうほう》があれば、命を守る行動がとれる!!

■経験《けいけん》したことがない巨大《きょだい》台風で、警戒《けいかい》の予測《よそく》を上回る災害《さいがい》を発生させた「伊勢湾台風《いせわんたいふう》」

1959 年の 9 月 21 日、マリアナ諸島《しょとう》付近で、台風 15 号が発生しました。その時の中心気圧《きあつ》は約 1,000 ヘクトパスカル（当時はミリバールという単位の表記だった）で、その後、どんどん発達しながら、日本列島に近づいてきました。

発生から 4 日後の 9 月 25 日には中心気圧が約 900 ヘクトパスカルとなり、その猛威《もうい》のまま、9 月 26 日には和歌山県の潮岬《しおのみさき》に上陸しました。

この台風は「伊勢湾台風《いせわんたいふう》」と呼《よ》ばれ、死者・行方《ゆくえ》不明者が 5,000 人を超《こ》えるという、大きな人的被害《ひがい》をもたらしました。

このころは、これほど大きな台風を経験《けいけん》していなかったこともあり、高潮警報《たかしおけいほう》では 2 メートルという予想だったものが、実際《じっさい》には 5 メートル以上の高潮が発生するなど、予想外のものでした。また、今ほどには防災《ぼうさい》への取り組みが行われておらず、住民の台風についての対策《たいさく》があまりとられていなかったことも被害を大きくした原因《げんいん》だといわれています。

1959 年 9 月の伊勢湾《いせわん》台風は、和歌山県の潮岬《しおのみさき》に上陸した後、紀伊《きい》半島《はんとう》から東海地方を中心にほぼ全国にわたって大きな被害《ひがい》をもたらした。台風の通り道となった愛知県海部郡《あまぐん》では堤防《ていぼう》が決壊《けっかい》したため、人々が土のうで道路のかさ上げ作業をした。

■ 伊勢湾《いせわん》台風級の規模《きぼ》だったのに、被害《ひがい》が少なかった「第《だい》2室戸《むろと》台風《たいふう》」

伊勢湾《いせわん》台風から2年後の1961年の9月16日に、高知県の室戸岬《むろとみさき》に台風18号が上陸しました。この台風は1934年の室戸台風に進路が似《に》ていたことから、「第《だい》2室戸《むろと》台風《たいふう》」と呼《よ》ばれています。

この台風は、大きな被害《ひがい》をもたらした伊勢湾台風と同じくらいの巨大《きょだい》台風で、発生した時には中心気圧《きあつ》が990ヘクトパスカルだったものが、上陸時には935ヘクトパスカルにまで発達しました。

この台風の時の死者・行方《ゆくえ》不明者は202人でした。これは決して少なくない数字ですが、それでも、同じ規模《きぼ》の伊勢湾台風が5,000人を超《こ》えていたことを考えると、劇的《げきてき》に少ない人的被害でした。

伊勢湾台風の経験《けいけん》にもとづいて、しっかりとした対策《たいさく》がとれたことが、被害を小さくすることにつながったのです。

台風が日本に上陸することが明らかになった時点で、大阪管区気象台《おおさかかんくきしょうだい》と自治体（大阪府・大阪市）が災害《さいがい》対策を整えることができたのです。またメディアであるNHK《エヌエイチケイ》大阪放送局なども連携《れんけい》して、人々に警戒《けいかい》を呼びかけました。こうしたメディアからの情報《じょうほう》発信などもあり、人々が事前の対策をとれたことも被害を小さくしたといえるでしょう。

1961年9月の第《だい》2室戸《むろと》台風では、伊勢湾《いせわん》台風の時よりも死者・行方《ゆくえ》不明者は少なかったものの、台風の勢力《せいりょく》が強かったために、大阪湾岸《おおさかわんがん》などに家屋《かおく》の倒壊《とうかい》など大きな被害《ひがい》をもたらした。

伊勢湾《いせわん》台風の教訓で、防災対策《ぼうさいたいさく》も変わった

伊勢湾《いせわん》台風が日本に大きな被害《ひがい》をもたらした当時は、ラジオが重要な情報《じょうほう》メディアでした。しかし、この時は、乾電池式《かんでんちしき》のラジオは少なかったため、台風の接近《せっきん》で停電《ていでん》が発生すると、ほとんどのラジオが使えなくなってしまったのです。

このことを教訓として、乾電池式の携帯《けいたい》ラジオの開発が進み、停電になってもラジオから情報を入手できるようになっていったのです。

また政府も、伊勢湾台風での反省を踏《ふ》まえて、1961 年 1 月に「災害対策基本法《さいがいたいさくきほんほう》」を公《こう》布《ふ》しました。この法律《ほうりつ》により、防災《ぼうさい》計画が作成されたり、災害予防、災害発生時の対策などがまとめられたりして、防災・減災《げんさい》対策が一段《いちだん》と進んだのです。

万が一の停電《ていでん》でも、充電式《じゅうでんしき》や乾電池式《かんでんちしき》のポータブルラジオなら、情報《じょうほう》を確認できる。

第 1 章

事前に災《さい》害《がい》の発生を知ることができる!?

本書では、災害《さいがい》が発生する前に、より重要で役立つ項目《こうもく》には前を、
災害が起こっている最中に、より重要で役立つ項目には中を、
災害後に、より重要で役立つ項目には後を付けています。

1　自然災害《さいがい》は予測《よそく》ができる⁉

予測《よそく》できる自然災害《さいがい》がある⁉

日本は、自然がとても豊《ゆた》かな島国です。しかしその一方で、遠い昔からくり返し災《さい》害《がい》におそわれてきました。世界の国の中でも自然による災害が多いことから、「災害大国」ともいわれています。

そのため、もしも災害の発生を予知・予《よ》測《そく》することができれば、多くの人の命や社会の仕組みを守ることができます。災害の予知・予測は、実現《じつげん》したい科学技術《ぎじゅつ》のひとつといえるのです。

災害は「人為《じんい》災害」、「特殊《とくしゅ》災害」、「自然災害」の3種類に大きくわけられますが、特にことわりがないかぎり、この巻《かん》において、「災害」とは自然災害のことを指します。

また、「予知」とは災害が起こる前にそれを知ること、「予測」とは災害の発生を前もって予想することを意味しています。

そもそも、日本において自然災害の予測に欠かせない気象《きしょう》観測が始まったのは、1872年のことでした。この年、北海道《ほっかいどう》の函館《はこだて》に、最初の気象観測所が設《もう》けられたのです。その3年後には、東京《とうきょう》でも気象観測が始まり、地震《じしん》の観測も開始されました。

そして、1884年6月1日には、全国の天気予報《よほう》が発表されるようになりました。この時に発表された最初の天気予報は、「全国一般《いっぱん》風ノ向キハ定《さだま》リナシ天気ハ変《かわ》リ易《やす》シ　但《ただ》シ雨天勝《が》チ」というたった一文で、全国の天気を言い表しました。意味としては、「全国的に風の向きは定まらず、天気は変わりやすい。ただし、雨が降《ふ》りがち」というものでした。

その後、気象に関わる組織《そしき》の組《く》み替《か》えなどを経《へ》て、1956年に気象庁《きしょうちょう》が誕生《たんじょう》しました。

130年以上も前に、わずか一文で始まった天気予報は、科学の進歩とともにより正《せい》確《かく》な情報《じょうほう》を発信できるようになり、自然災害の予測に大きく貢献《こうけん》しています。

「明日の天気がどうなるのか」をさまざまなデータにもとづいて予測する「天気予報」は、災害予測の第一歩といえるかもしれません。

しかし、「明日は雨が降る」という予測はできても、「明日、地震がくる」などという予知や予測は可能《かのう》なのでしょうか。

実は、現在《げんざい》の科学では「ある程度《ていど》の予測ができる自然災害」と「予知・予測がとても難《むずか》しい自然災害」とがあります。以下、災害の種類ごとの予測可能性《かのうせい》について確認《かくにん》していきます。

台風を予測《よそく》し被害《ひがい》をおさえた！

毎年7月から10月にかけて日本とその周辺にやってきて、くり返し大きな被害《ひがい》をもたらしている台風は、ある程度《ていど》、予測《よそく》ができる自然災害《さいがい》といえます。天気予報《よほう》の精《せい》度《ど》が高まることは、台風をより正確《せいかく》に予測することにもつながっているのです。

実際《じっさい》に台風が発生すると、その強さや進路などを、これまでに発生した台風の過去《かこ》のデータとも照らし合わせたりして、予測を立てることができます。

たとえば、2019年10月に発生した「令和元年台風第19号」は、発生後まもなく「猛烈《もうれつ》な勢力《せいりょく》（台風の強さとしては最上級の表現《ひょうげん》）」に発達した状態《じょうたい》で、伊豆《いず》半島に上陸しました。気象庁《きしょうちょう》では、早い段階《だんかい》で「…（前略《ぜんりゃく》）…（伊豆地方を中心に）1,200人以上の死者・行方《ゆくえ》不明者を出した、1958年の狩野川《かのがわ》台風に匹敵《ひってき》する…（後略）…」と発表し、警戒《けいかい》を呼《よ》びかけました。実際に、台風の規模《きぼ》だけでなく進路も狩野川台風に似《に》ていたとのことでした。気象庁による、こうした予測と警戒情報《じょうほう》の発信により、伊豆地方周辺地域《ちいき》では迅速《じんそく》な避難《ひなん》などが行われ、大きな被害の発生をおさえることができました。ただ、長野県などでは大きな被害が出てしまいました。

しかし、近年ではそうした予測を超《こ》える台風が発生することも増《ふ》えており、台風を予測することの難《むずか》しさが改めて再認識《さいにんしき》されてもいるのです。

そこで気象庁は、世界中の気象機関の予測も参考にしています。しかし、予想が難しかった2020年の台風14号の進路予測では、参考にした世界中の気象機関の予測が異《こと》なっていたため、かえって進路幅《しんろはば》の大きい予測になってしまうということもありました。

近年、予測《よそく》を超《こ》える大雨も多い

日本で1年間に降《ふ》る平均的《へいきんてき》な降水量《こうすいりょう》は1,690mmで、世界の国の平均的な降水量約810mmの2倍にあたります。

もともと日本は雨の多い国ですが、近年では、降水量がより増《ふ》えているといわれています。特に、梅雨《つゆ》に入る6月から、台風がやってくる10月にかけては、毎年のように大雨による災害《さいがい》が発生しています。

■日本で最初の天気予報《よほう》

●6月1日6時

「全国一般《いっぱん》風ノ向キハ定《さだま》リナシ天気ハ変《かわ》リ易《やす》シ　但《ただ》シ雨天勝《が》チ」

日本で最初の天気予報《よほう》は、1884年6月1日の午前6時に発表された。この時から、毎日3回全国の天気予報が発表されるようになり、交番に掲示《けいじ》された。

大雨もある程度《ていど》の予測《よそく》ができますが、近年では台風と同じように、予測を超《こ》える大雨が降ることが増え、大きな被害《ひがい》が発生することがあります。

また、「ゲリラ豪雨《ごうう》」などと呼《よ》ばれる雨は、狭《せま》い地域《ちいき》に対して急に強い雨が降り出すため、予測が難《むずか》しいといわれています。

ところで、このゲリラ豪雨という言葉ですが、これは気象学《きしょうがく》で使われる正しい用語ではなく、メディアで使われる言葉です。気象庁《きしょうちょう》では「局地的大雨」または「集中豪雨」と表現《ひょうげん》しています。

洪水《こうずい》はカメラで予測《よそく》

大雨や雪どけ水などによって河川《かせん》の水の量が一気に増《ふ》え、河川の水が氾濫《はんらん》（あふれ出ること）して起こるのが洪水《こうずい》です。洪水も、ある程度《ていど》の予測《よそく》ができる自然災害《さいがい》といえます。

洪水の予測は、河川に流《なが》れこむ雨の量をもとに、河川の水位がどれだけ上昇《じょうしょう》するかといったことを計算して予測しています。

また、氾濫すると広い地域《ちいき》に被害《ひがい》をもたらすような大きな河川については、監視《かんし》カメラなどが設置《せっち》され、河川の様子をリアルタイムで見ることで予測をしています。

土砂《どしゃ》くずれは地盤《じばん》と降水量《こうすいりょう》で予測《よそく》

大雨などによって発生する土砂《どしゃ》くずれも、あらかじめ、土砂くずれが起こりやすい地盤《じばん》かどうかを調べたり、その地域《ちいき》に降《ふ》る雨の量を計算したりすることで、ある程《てい》度《ど》の予測《よそく》ができます。

しかし、局地的大雨や集中豪雨《ごうう》の場合は、その発生の予測が難《むずか》しくなります。

また、何の前触《まえぶ》れもなく起こる地震《じしん》によって発生する土砂くずれも予測が困難《こんなん》だといわざるを得《え》ません。

■2020年7月の球磨川《くまがわ》（熊本県）の氾濫《はんらん》

「令和２年７月豪雨《ごうう》」（いわゆる「熊本豪雨」）の影響《えいきょう》で、球磨川《くまがわ》が氾濫《はんらん》し、橋が押《お》し流《なが》されてしまった。

地震《じしん》発生3分後に情報《じょうほう》を発表！

津波《つなみ》は、海底で地震《じしん》が発生した時に起こることが多い自然現象《げんしょう》のため、海底でどのくらいの地震が起こったのかがわかれば、その発生や大きさなどをある程度《ていど》予測《よそく》することができます。

地震の後、津波が発生したかどうかは命に関わる問題のため、気象庁《きしょうちょう》では地震の発生から約３分で、津波警報《けいほう》・津波注意報などの情報《じょうほう》を発表できるような仕組みを整えています。

しかし、陸地に近い場所で地震が起こった場合は、津波警報・津波注意報が間に合わないことがあります。

また、東日本大震災《ひがしにほんだいしんさい》のような巨大《きょだい》な地震が起こった場合は、正確《せいかく》な津波の予測をすることが難《むずか》しいとされています。

50もの活火山を24時間体制《たいせい》で監視《かんし》

日本には、噴火《ふんか》を起こす可能性《かのうせい》がある火山が 111 あり、こうした火山を「活火山」と呼《よ》んでいます。その中でも、特に警戒《けいかい》しなければならない 50 の火山では、24 時間体制《たいせい》で監視《かんし》が行われています。

火山の噴火の予測《よそく》は、現在《げんざい》の科学では難《むずか》しいといわれています。しかし、2000 年に発生した北海道の有珠山《うすざん》の噴火では、噴火が発生する数日前から、噴火が発生しそうな兆《きざ》しを観測できたため、噴火の前に避《ひ》難《なん》をうながすことができました。

■2000年3月の有珠山噴火《うすざんふんか》

北海道洞爺湖畔《とうやこはん》にある有《う》珠山《すざん》で、2000 年 3 月 31 日に大きな噴火《ふんか》が発生。周辺にある 850 戸の家屋に被害《ひがい》があったものの、早めの避難《ひなん》のおかげで人的被害はなかった。

災害予測《さいがいよそく》にスーパーコンピューターが活躍《かつやく》！

自然災害《さいがい》による被害《ひがい》を少しでも減《へ》らすために、気象庁《きしょうちょう》では、宇宙《うちゅう》に打ち上げられている気象衛星《えいせい》や、全国約 1,300 か所に設置《せっち》している地上の気象観測《かんそく》システム「アメダス（AMeDAS)」、電波を使って雨や雪を観測する気象レーダーなどさまざまな方法で気象情報《じょうほう》を集め、世界の関係機関と情報を交換《こうかん》しています。

そして、集められた情報を超高速《ちょうこうそく》で処理《しょり》することができるスーパーコンピューターを使って分析《ぶんせき》し、気象を予測《よそく》しています。

2018 年には、これまでのものよりも性能《せいのう》が高いスーパーコンピューターを導入《どうにゅう》したことによって、集中豪雨《ごうう》を予測する技術《ぎじゅつ》や、台風の強さに関する予報などの精度《せいど》が高まりました。さらに、気象庁は「2030 年に向けた数値予報《すうちよほう》技術開発重点計画」の中で、より正確《せいかく》な予測ができるような改善《かいぜん》を続けることとしています。

こうした予測技術の進歩によって、わたしたちはより速くより正確な災害情報を手に入れることができるようになるので、身を守る行動がとりやすくなるのです。

■気象予測《きしょうよそく》のさらなる改善《かいぜん》のイメージ

台風進路予測《よそく》の現状《げんじょう》のイメージ

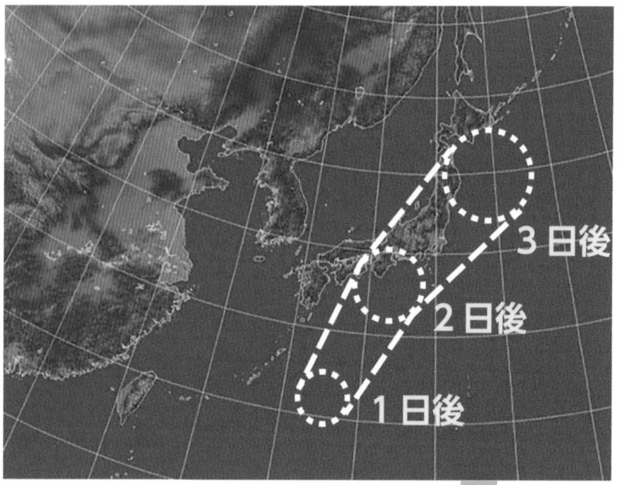

気象庁《きしょうちょう》では、AI 技術《ぎじゅつ》などを活用することで、台風の進路予測誤差《しんろよそくごさ》を大幅《おおはば》に改善《かいぜん》し、より精度《せいど》の高い雨量予測や台風の到達《とうたつ》エリア予測などができるようにと、研究が進められている。

台風進路予測の将来《しょうらい》のイメージ

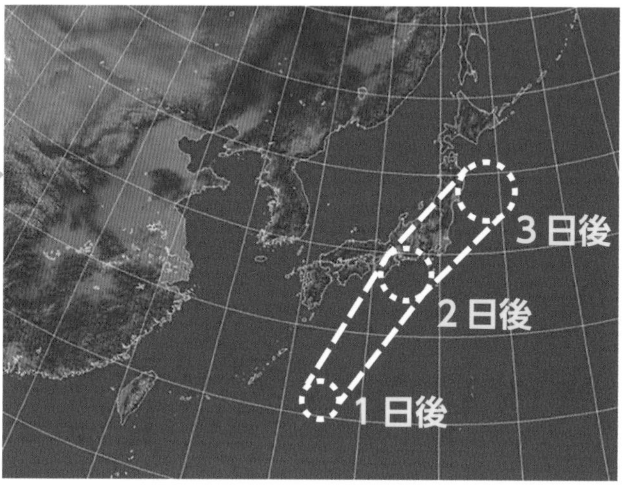

将来的《しょうらいてき》には、進路予想の円が、より小さいものになっていく。

（出典：気象庁ホームページを参考に作成）

2 予知・予《よ》測《そく》が難《むずか》しい地《じ》震《しん》

地震《じしん》予知は 100年前からスタート！

日本とその周辺では、世界で発生する地《じ》震《しん》の約10%が起こっています。地震の被《ひ》害《がい》が多い日本にとって地震の予知・予《よ》測《そく》は、国を挙げて実現《じつげん》させたい技術《ぎじゅつ》です。

日本で地震の研究が本格的《ほんかくてき》に始まったのは、1891年に愛知県北西部から岐阜県にかけて発生した「濃尾地震《のうびじしん》」の後だといわれています。この地震はマグニチュード8.0とされ、これまでに陸地で発生した地震の中でもっとも大きなものといわれています。震源《しんげん》の近くでは、現在《げんざい》の基準《きじゅん》の震度7に相当するような揺《ゆ》れがあったと推測《すいそく》され、7,000人以上もの死者が出ました。

「マグニチュード」とは地震の規模《きぼ》を示《しめ》す用語で、7.0以上を大地震《おおじしん》、8.0以上を巨大《きょだい》地震と呼《よ》ぶこともあります。地震の揺れの強さは「震度」で表現され、震度0、1、2、3、4、5弱、5強、6弱、6強、7の10段階《だんかい》で示されます。また、地震が起こった場所は「震源」と呼ばれます。

この濃尾地震をきっかけに、政府《せいふ》に新しく「震災予防調査会《しんさいよぼうちょうさかい》（1892～1925年）」という機関が設《もう》けられ、地震に関するさまざまな研究が行われました。その中には、地震予知の可能性《かのうせい》に関する研究もふくまれていました。

それから約100年が経《た》ちますが、地震の予知はとても難《むずか》しい技術であるため、現《げん》在《ざい》の科学でも実現できていません。

身を守るための地震《じしん》予知は、まだできていない

地震《じしん》を予知するということは、少なくとも地震が「起こる時」、「起こる場所」、「地震の規模《きぼ》」を特定する必要があります。

なぜなら、「（時）1年以内に、（場所）日本で、（規模）大きな地震が起こる」というような情報《じょうほう》では、地震に備《そな》えたり、身を守ったりすることができないため、災害《さいがい》情報として役に立たないからです。

予知であれば、「（時）1週間以内に、（場所）東京で、（規模）マグニチュード7の地震が起こる」というくらい具体的な情報でなければなりません。

しかし、現在《げんざい》の科学では、そのような精《せい》度《ど》の予知をすることはできません。

そうした理由から、具体的な日時や場所を特定した地震の予知情報は、うその情報である可能性《かのうせい》が高いといえます。とはいえ、日本では地震がいつどこで起こっても不思議ではないため、常《つね》に備えておくことが大切です。

予測《よそく》できる地震《じしん》がある!?

地震《じしん》の予知は難《むずか》しい技術《ぎじゅつ》ですが、実はある程度《ていど》の予測《よそく》ができる地震もあります。数としてはほんのわずかですが、そのひとつに「南海《なんかい》トラフ地震《じしん》」と呼《よ》ばれる地震があります。

この「南海トラフ」とは、静岡県の駿河《するが》湾《わん》から紀伊《きい》半島の南側を通って、宮崎県の日向灘《ひゅうがなだ》の沖あたりにまで達する海底の地形のことです。この付近で発生する地震なので、南海トラフ地震と呼ばれています。

この南海トラフでは、下図の①→②→③のように、海のプレートである「フィリピン海プレート」が、陸のプレートである「ユーラシアプレート」の下に1年で数cmほど沈《しず》みこんでいます。その時に陸のプレートにひずみがたまっていき、それが限界《げんかい》に達するとはね上がるようにして地震が起こるのです。プレートとは、地球の表面をおおっている岩盤《がんばん》のことで、世界に十数枚《まい》あります。

こうした仕組みで起こる地震は、津波《つなみ》をもたらすような巨大《きょだい》地震になる可能性《かのうせい》が高いため、政府《せいふ》や自治体などさまざまな機関で警戒《けいかい》されています。

また、一度地震が発生しても、①→②→③の動きは続くため、南海トラフ地震は一

海《かい》溝《こう》型《がた》地《じ》震《しん》のメカニズム

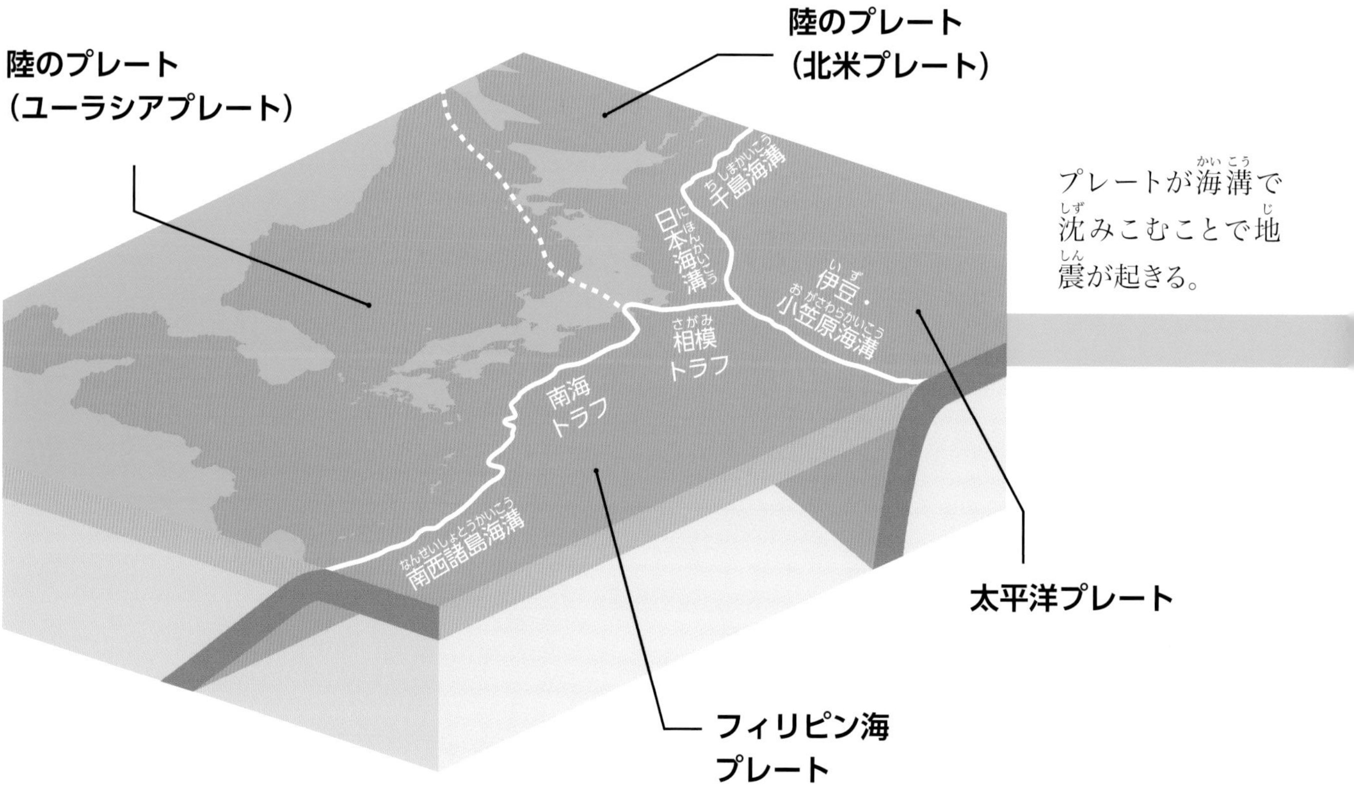

プレートが海溝《かいこう》で沈《しず》みこむことで地《じ》震《しん》が起きる。

定の期間をおいてくり返し発生することがわかっています。古いものでは、飛鳥《あすか》時代後期の684年に、南海トラフ地震と思われる地震が発生したという記録も残っています。

また、江戸《えど》時代中期の1707年に起こった「宝永地震《ほうえいじしん》」、江戸時代後期の1854年に起こった「安政東海地震《あんせいとうかいじしん》・安政南海地《あんせいなんかいじ》震《しん》」、1944年に起こった「昭和東南海地《しょうわとうなんかいじ》震《しん》」、1946年の「昭和南海地震《しょうわなんかいじしん》」も南海トラフ地震といわれています。

こうしたことから、南海トラフ地震はおよそ100～150年の間隔《かんかく》で発生すると考えられています。そのため、昭和南海地震の発生から70年以上が経過《けいか》している現在《げんざい》では、南海トラフ地震の発生の可能性《かのうせい》が高まっているといわれるのです。

しかし、南海トラフは広い範囲《はんい》にまたがっているため、南海トラフのどの場所でどのような地震が発生するのかという予測はできていません。

ただし、静岡県の駿河湾から内陸の間の地域《ちいき》では、1854年の安政東海地震から約160年以上にわたって大きな地震が起こっていないことや、岬《みさき》の沈みや湾の縮《ちぢ》みが観測されていることから、いつ地震が起こってもおかしくないといわれています。この地域での発生が予測される地震は、南海トラフ地震の中でも「東海地震」と名づけられ、特に強く警戒されています。

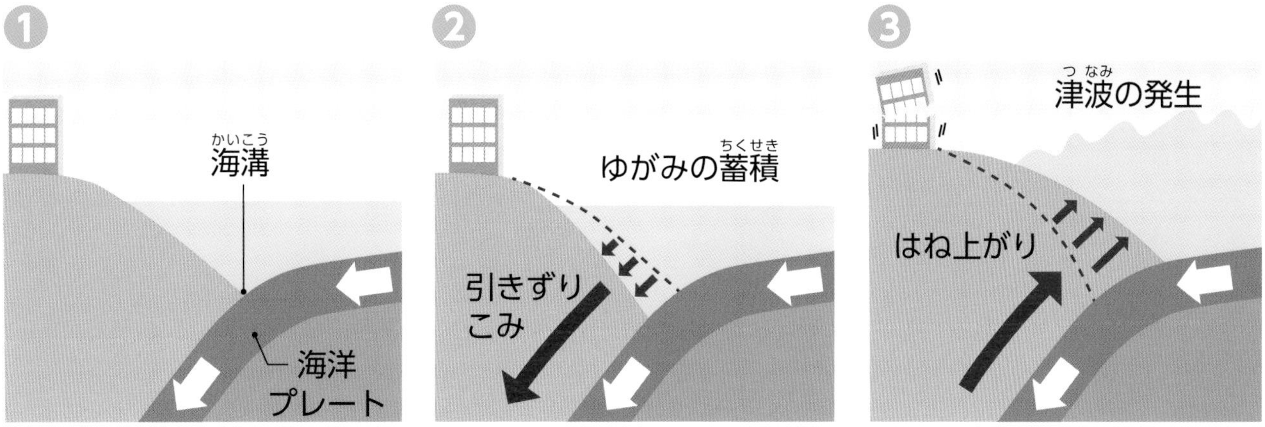

海洋プレート（フィリピン海プレート）が、陸のプレート（ユーラシアプレート）の下側に沈《しず》みこんでいく。

陸のプレートが、海のプレートが沈《しず》みこむ時に引きずりこまれて沈みこみ、陸のプレートにゆがみがたまる。

陸のプレートのゆがみが限界《げんかい》に達すると、たえきれずに陸のプレートがはね上がり、地震《じしん》が起きる。

（出典：気象庁ホームページを参考に作成）

コラム

天気を予知する（観《かん》天《てん》望《ぼう》気《き》）

“秋の時期に朝焼けがあると、その日は雨になる”とか、“ツバメが低く飛ぶと、すぐに雨が降《ふ》る”とかいった、ある自然現象《げんしょう》の発生や、生き物の様子などから、天気を予想しようとするのを「観天望気《かんてんぼうき》」といいます。

昔から、漁業や農業などで働く人たちは、仕事がら天気にはとても気を使うため、天気の変化などを事前に知りたいという思いが強かったのでしょう。さまざまな自然現象や生き物の様子の変化で、次の天気がどうなるかを、経験的《けいけんてき》に予測《よそく》するための知恵《ちえ》を生み出し、そうした知恵が今日まで伝承《でんしょう》されたのが観天望気だといわれています。

地方などによって違《ちが》いもありますが、代表的なものを紹介《しょうかい》しましょう。

今日では、一種のお天気占《うらな》いのようなものであり、科学的根拠《こんきょ》があるわけではないものが多いので、当たるかどうかは保証《ほしょう》のかぎりではありません。

【自然現象《げんしょう》に関するもの】

- 煙《けむり》が垂直《すいちょく》に立ち上れば晴れる
- 煙が西になびくと雨が降《ふ》る
- 雨上がりに虹《にじ》が出ると、翌日《よくじつ》は晴れる
- 夕焼けがきれいな日の翌日は晴れる
- 遠くの音がよく聞こえると雨が降り出す

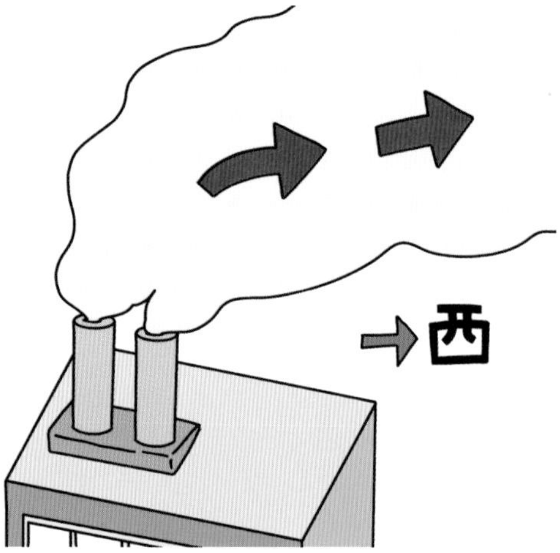

【生き物の様子などに関するもの】

- 朝、クモの巣に水滴《すいてき》がかかっていると、その日は晴れる
- 猫《ねこ》が顔を洗《あら》うと雨が降《ふ》る
- アマガエルが鳴くと雨が降る
- 水面に魚が飛び上がるのは、雨の兆《きざ》し
- 雨の時に、トンビが飛べば、まもなく晴れる

第2章

さまざまな事前情《じょう》報《ほう》

1 地震《じしん》の発生予測《よそく》情報《じょうほう》をどう見る？

30年以内に発生する地震《じしん》の確率《かくりつ》を発表！

地震《じしん》を予知することは極《きわ》めて難《むずか》しいといわざるを得《え》ませんが、前章で触《ふ》れた通り、予測可能《よそくかのう》な地震もあり、予測精度《せいど》を高めるとともに、その情報《じょうほう》をわたしたちが正しく理解《りかい》することも、とても重要です。

政府《せいふ》の機関である地震調査《ちょうさ》研究推進《すいしん》本部では、海で起こる地震「海溝型《かいこうがた》地震」と、陸で起こる地震「活断層《かつだんそう》で発生する地震」に大きくわけて、地震の発生の確率《かくりつ》を評価《ひょうか》し、毎年発表しています。

2019年、地震調査研究推進本部が、今後30年以内に発生が予測される震度6弱以上の地震の確率を発表しました。

2019年次の海溝型地震の長期評価によれば、青森県・岩手県沖、または宮城県沖を震源《しんげん》とするマグニチュード7.0～7.5程度《ていど》の大地震《おおじしん》が発生する確率が、90％というものがふくまれていました。

一方、活断層で発生する地震の長期評価によると、海溝型地震と比《くら》べて発生の確率は低いものの、日本のどこで地震が起こってもおかしくないほど、日本のあちこちに多くの活断層があることがわかります。

「30年以内に90％」って高い？ 低い？

さて、「30年以内に90％の確率《かくりつ》で震度《しんど》6弱以上の地震が起こる」ということを、わたしたちはどう理解《りかい》すればよいのでしょうか。

30年以内という表現《ひょうげん》に注目すればずいぶん先のことのように感じますが、90％といわれると必ず起こるような印象《いんしょう》を受けます。

でも、発生する確率が低いからといって安心することではなく、高いからといって必要以上に心配することでもありません。大切なのは、いつ地震が起こっても対《たい》応《おう》できるような準備《じゅんび》をしておくことなのです。

「30年以内に90％」という予測《よそく》は、これから30年の間のどこかで、震度6弱以上の地震が起きる確率が90％ということです。それは「明日」かもしれませんし、「10年後」、「20年後」、「30年後」かもしれないのです。

そう考えると、今すぐにでも、できるだけの防災《ぼうさい》・減災《げんさい》の取り組みが必要であることを理解できるでしょう。

■地震調査《じしんちょうさ》研究推進《すいしん》本部が公表している「全国地震動予測《よそく》地図2018年版」

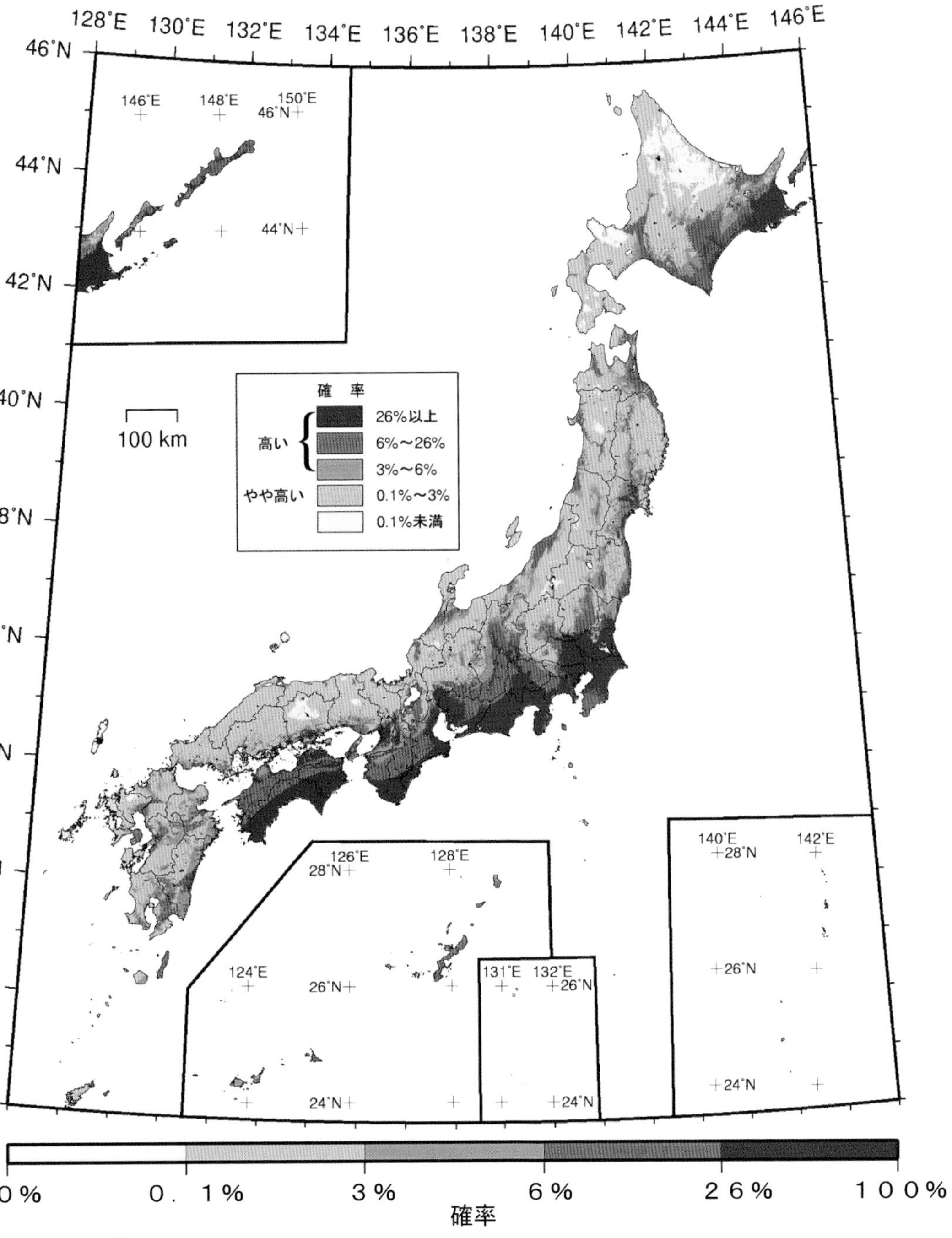

地震調査《じしんちょうさ》研究推進《すいしん》本部では、考えられるすべての地震の位置・規模《きぼ》・(発生)確率《かくりつ》にもとづいて、各地点で、今後30年間に、震度《しんど》6弱以上の揺《ゆ》れが発生する確率を地図上で表している。この地図では、黄色から赤色になるにつれて、確率が高くなる。関東地方から東海地方、紀伊《きい》半島、四国の太平洋側が、確率が高くなっていることがわかる。

(出典:地震調査研究推進本部のホームページ)

2 津波《つなみ》は地震《じしん》の直後にやってくる!!

前

津波《つなみ》の予測《よそく》は地震《じしん》から約3分!

津波《つなみ》の多くは、海底で起こる地震《じしん》とともに発生します。そのため、津波の発生を予《よ》測《そく》するには、地震が起こった場所と地震の規模《きぼ》を推定《すいてい》する必要があります。それができたら、その地震から予測される津波の規模を、「津波予報《よほう》データベース」を使って検索《けんさく》します。

この津波予報データベースというのは、地震の震源《しんげん》や規模によって、どの地域《ちいき》に、どのくらいの高さの津波が、どのくらいの時間で到達《とうたつ》するのかを、コンピューターを使って約10万件《けん》ものシミュレーションを行い、その結果を保存《ほぞん》・蓄積《ちくせき》したものです。

なぜ津波予報データベースが必要なのかといえば、もし、陸地に近い場所で地震が発生すると津波はすぐにやってくるため、地震が起こってからコンピューターで計算をしていては、津波がくるまでに津波警報《けいほう》・注意報を出すことができないからです。

津波予報データベースがあることによって、津波がやってくる地域、津波の高さ、到達時間などを伝える津波警報・注意報を、地震の発生から3分程度《ていど》で発表することができるのです。

津波予報《つなみよほう》データベースを用いた津波警報《けいほう》・注意報の発表手順

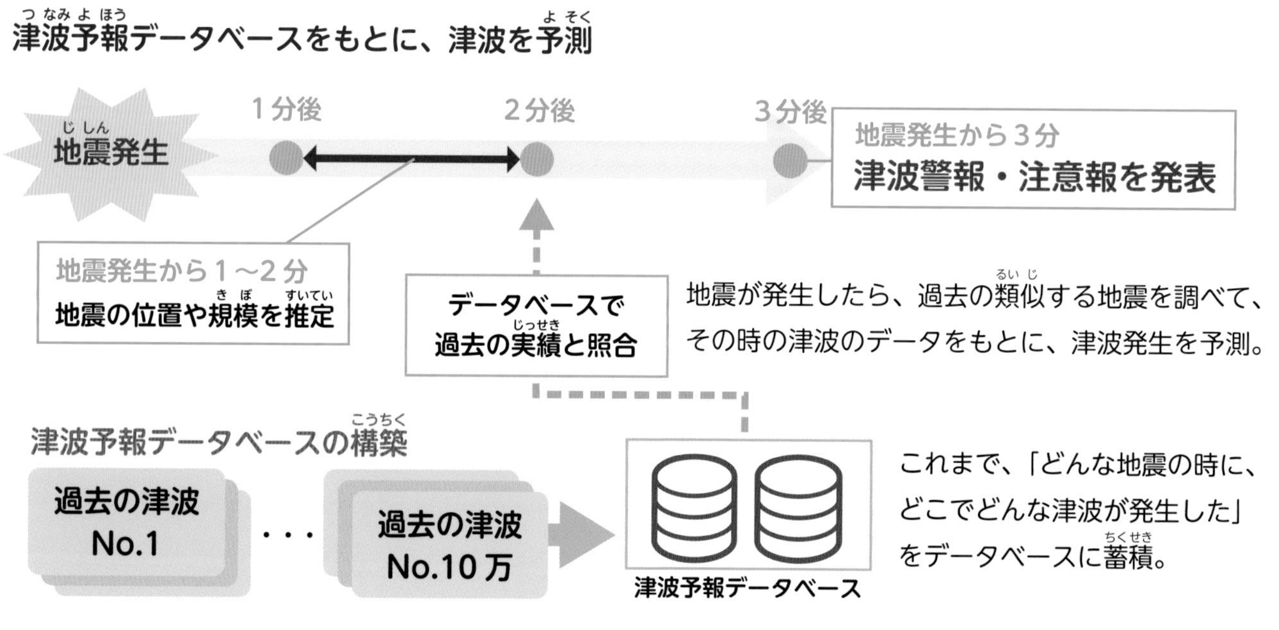

(出典:気象庁ホームページを参考に作成)

津波《つなみ》予測《よそく》の「巨大《きょだい》」、「高い」には最大の警戒《けいかい》を！

津波《つなみ》の予測《よそく》は、大津波警報《けいほう》・津波警報・津波注意報として発表されます。

津波の規模《きぼ》などを予測するには、津波の原因となる地震《じしん》について測定しなければなりません。そのため、まずはその地震の発生場所（震源《しんげん》）や、規模（マグニチュードで表される）を測定します。

地震の発生場所や規模《きぼ》などが測定されると、そのデータにもとづいて、「津波は発生するのか」、「発生するとしたら、どの程《てい》度《ど》の大きさなのか」、「いつ、到達《とうたつ》するのか」を予測できるようになります。

通常《つうじょう》、予測される津波の高さは、1m、3m、5m、10m、10m超《ちょう》の5段階《だんかい》で伝えられます。

そして、地震の規模が極《きわ》めて大きい場合には、正確《せいかく》な地震の測定や、そこから計算される津波予測に時間がかかってしまうことがあります。そのため、たとえば5m程度なのか、10m程度なのかは予測できなくとも、大きな津波がくる可能性《かのうせい》がわかっていれば、津波の警報・注意報などにおいては、「巨大《きょだい》」、「高い」といった表現《ひょうげん》で、最大の警戒《けいかい》を呼《よ》びかけるようにしています。

津波の警報・注意報で「巨大」、「高い」という言葉を見聞きしたら、東日本大震《ひがしにほんだいしん》災《さい》のような巨大津波がくることを想定して、ただちにより安全な場所に避難《ひなん》しましょう。

津波警報《つなみけいほう》・注意報の種類

種類	発表基準《きじゅん》	発表される津波《つなみ》の高さ		想定される被害《ひがい》ととるべき行動
		数値《すうち》での発表（津波の高さ予想の区分）	巨大地震《きょだいじしん》の場合の発表	
大津波警報《けいほう》	予想される津波《つなみ》の高さが高いところで3mを超《こ》える場合。	10m超 (10m＜予想高さ)	巨大	木造《もくぞう》家屋が全壊《ぜんかい》・流失し、人は津波《つなみ》による流れに巻《ま》きこまれます。沿岸《えんがん》部や川沿《かわぞ》いにいる人は、ただちに高台や津波避難《ひなん》ビルなど安全な場所へ避難してください。
		10m (5m＜予想高さ≦10m)		
		5m (3m＜予想高さ≦5m)		
津波警報	予想される津波《つなみ》の高さが高いところで1mを超《こ》え、3m以下の場合。	3m (1m＜予想高さ≦3m)	高い	標高の低いところでは津波《つなみ》がおそい、浸水被害《しんすいひがい》が発生します。人は津波による流れに巻《ま》きこまれます。沿岸部《えんがんぶ》や川沿《かわぞ》いにいる人は、ただちに高台や避難ビルなど安全な場所へ避難してください。
津波注意報	予想される津波《つなみ》の高さが高いところで0．2m以上、1m以下の場合であって、津波による災害《さいがい》のおそれがある場合。	1m (0.2m≦予想高さ≦1m)	(表記しない)	海の中では人は速い流れに巻《ま》きこまれ、また、養殖《ようしょく》いかだが流失し小《こ》型《がた》船舶《せんぱく》が転覆《てんぷく》します。海の中にいる人はただちに海から上がって、海岸から離《はな》れてください。

(出典：気象庁ホームページを参考に作成)

3 どうやって台風の進路予想をする？

台風に要注意の時期は？

近年の研究では、地球温暖化《おんだんか》が進むにつれて、より強い台風がやってくることが指《し》摘《てき》されています。そのため、台風に関する情報《じょうほう》はますます大切になってきています。

台風は1年間の平均《へいきん》で、25.6個《こ》発生するといわれ、そのうち平均約3個が日本に上陸しています。上陸とは、台風が陸地の上を通ることをいいます。また、上陸はしなくても、平均約11個の台風が日本から300km以内を通り、強い風や雨をもたらしています。

気象衛星でとらえた台風の姿

台風は一年中発生しています。中には11月に日本へくるものもありますが、もっとも多いのが7月～9月なのです。ではなぜ、日本に上陸したり日本の近くを通ったりする台風の多くが、7月から9月にやってくるのでしょうか。

それには、太平洋で発生する「太平洋高《こう》気圧《きあつ》」が関係しています。高気圧とは大気の圧力のことで、地球の北半球では時計回りの風を吹《ふ》き出《だ》しています。一般的《いっぱんてき》に、高気圧の範囲《はんい》では天気が良くなる傾向《けいこう》があります。これとは反対に、低気圧と呼《よ》ばれる範囲では、天気が悪くなる傾向があります。台風は、熱帯で生まれる低気圧が発達したものです。

赤道《せきどう》付近にある熱帯の海の上で生まれた台風は、東から西に向かって吹いている「貿易風《ぼうえきふう》」に流されて北西に進んでいきます。その時に、太平洋高気圧から吹き出ている時計回りの風に巻《ま》きこまれて、太平洋高気圧の周りを回るような進路をとるのです。また、ユーラシア大陸のほうから東に向かって吹く「偏西風《へんせいふう》」にも大きく影響《えいきょう》されます。

こうした理由で、太平洋高気圧がもっとも強い7月ごろから9月ごろにかけて、日本に上陸したり、日本の周辺を通ったりすることが多くなるのです。

台風の進路は季節によって違《ちが》ってくる

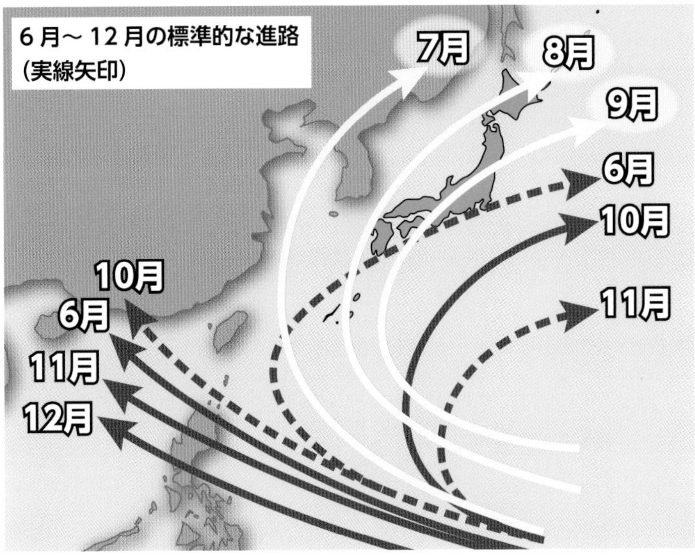

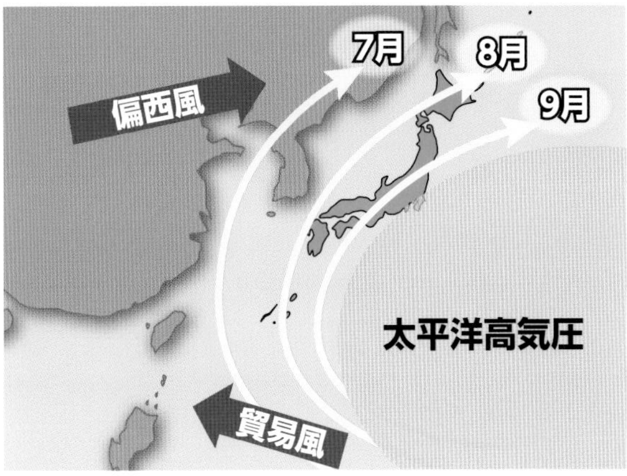

（参考：日本気象協会 tenki.jp）

海水温が低い1～5月は水蒸気《すいじょうき》が少ないため大きな台風は発生せず、6～12月に多く発生する。特に7～9月ごろは太平洋高気圧《こうきあつ》が日本に近く、偏西風《へんせいふう》の影響《えいきょう》もあって、日本に上陸しやすい進路を取ることが多くなる（右図）。6～12月の台風は実線矢印で示《しめ》すような進路をとることが一般的《いっぱんてき》だが、太平洋高気圧の位置や強さ、梅雨前線の位置、偏西風や貿易風《ぼうえきふう》の強さなどの気象条件《きしょうじょうけん》によっては、点線矢印のような進路を取ることもある（左図）。

台風の「大きさ」、「強さ」って何？

台風の勢力《せいりょく》は、大きさと強さの階級を表す言葉を組み合わせて表現《ひょうげん》されます。「大きさ」は強風域《きょうふういき》の半径を、「強さ」は最大風速を意味しています。

たとえば、台風の大きさが600kmで、強さが50m/s※の場合には、「大型《おおがた》で非常《ひじょう》に強い台風」という表現が使われます。

一方で、台風の大きさが500km未満の場合や、最大風速が33m/s未満の場合には、大きさ・強さの表現は使われません。

たとえば、大きさが400kmで、強さが40 m/sの場合は、「強い台風」といった表現が使われます。

※m/sとは「メートル/毎秒」のことで、1秒の速さのことを表しています。「秒速○メートル」ともいいます。

前 中

台風の進路予想はこう読もう！

台風が日本に接近《せっきん》してくると、天気予報《よほう》などを通して、台風の進路予想（27ページの図参照）が発表されます。それに合わせて、台風の中心の位置、進行方向、速度、中心の気圧《きあつ》、最大風速（10分間平均《へいきん》）、最大瞬間《しゅんかん》風速、暴風域《ぼうふういき》、強風域などが伝えられます。

❶ 台風の中心位置

×印などで表現《ひょうげん》されるのが、台風の中心を示《しめ》しています。しかし、観測《かんそく》から発表がされるまでには約1時間かかるため、実《じっ》際《さい》の台風の位置はそれよりも進んでいることに注意しましょう。

❷ 暴風域《ぼうふういき》

赤色の太い実線の円で描《えが》かれているのが暴風域《ぼうふういき》で、風速25m/s以上の風が吹《ふ》いているか、吹く可能性《かのうせい》がある範囲《はんい》を示《しめ》しています。

❸ 強風域《きょうふういき》

黄色の実線の円で示《しめ》されるのが強風域《きょうふういき》で、風速15m/s以上の風が吹《ふ》いているか、吹く可能性《かのうせい》がある範囲《はんい》を示しています。

❹ 予報円《よほうえん》

白色の破線《はせん》の円で表現《ひょうげん》されるのが予報円《よほうえん》で、この先の台風の進路を予想しています。たとえば、27ページの上図では、12日の15時、近畿《きんき》地方南部の紀伊《きい》半島の沖合に台風がやってくることを予測《よそく》しています。

ただし、台風は必ず予報円の“中心”を進むわけではないので注意しましょう。

❺ 暴風警戒域《ぼうふうけいかいいき》

赤色の実線で示《しめ》されるのが、暴風警戒域《ぼうふうけいかいいき》です。台風の中心が予報円《よほうえん》通りに進んだ場合に、暴風域に入るおそれがある範囲《はんい》を示しています。

ところで、時間が経《た》つに連れて予報円《よほうえん》が大きくなっていますが、これは台風が大きくなっていることを示《しめ》すものではありません。予想する日時が先になればなるほど、台風の中心がどこにくるのかを予想することが難《むずか》しくなるため、広い範囲でしか位置を示すことができなくなるからです。

台風の進路予想は、時間とともに新しいものに変わっていくため、一度見て終わりにするのではなく、最新の予報を見るようにしましょう。

中

台風の右側は特に注意!

●大雨

一般的《いっぱんてき》に、台風の進行方向に対して「右側の地域《ちいき》」で大雨が降《ふ》ることが予想されます。

また、台風が離《はな》れた位置にあっても、日本の上空の天候《てんこう》によっては大雨となることがあるため注意が必要です。

● 強風

強風も、雨と同じように、台風の進行方向に対して「右側の地域《ちいき》」で、南から吹《ふ》く風が強くなります。また、台風が通過《つうか》した後には「吹き返しの風」といって、北からの風が強くなります。

台風の風の強さは地形の影響《えいきょう》を大きく受けるため、建物の多い都市ではビル風《かぜ》と呼《よ》ばれる強い風が吹きます。また、山の尾根《おね》や入《い》り江《え》などでも強い風となることがあるので、注意しましょう。

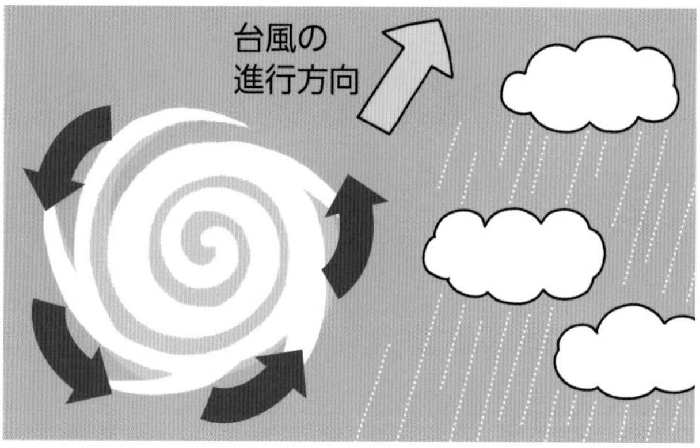

台風は反時計回りで回転しなから進むので、進行方向右側は、台風の進む方向と風の向きが同じになるので、より強風になり、荒《あ》れた天気になりやすい。

■令和元年東日本台風（台風第19号）の予報

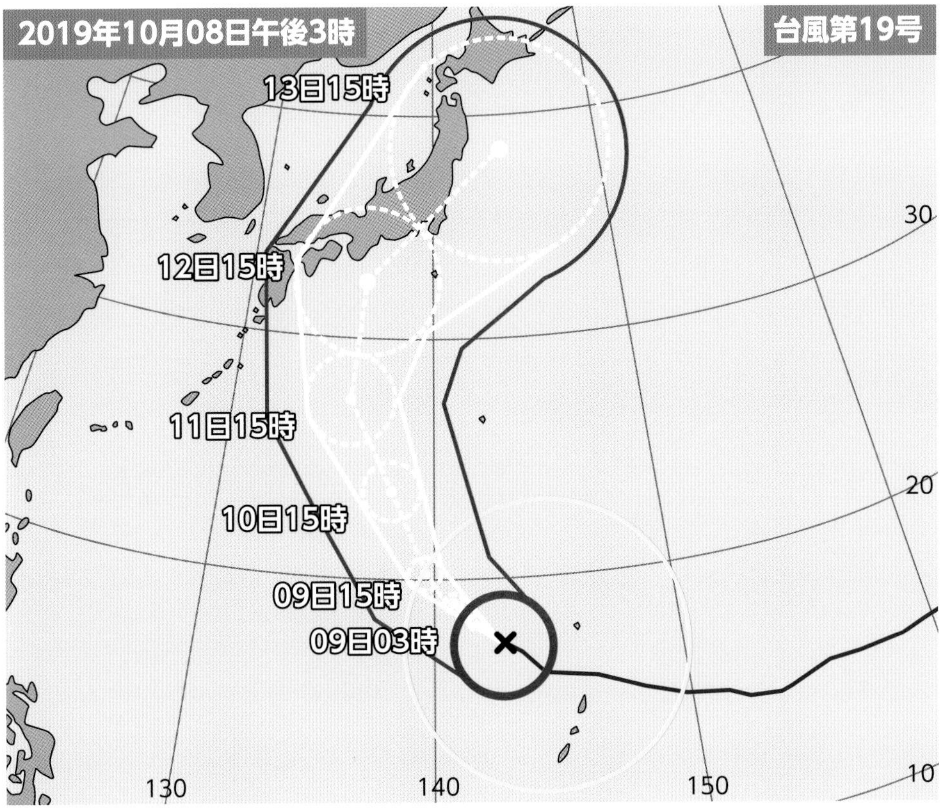

令和元年台風第19号に関しては、10月8日午後3時時点の予測《よそく》では5日後の12日午後3時に近《きん》畿《き》地方に接近《せっきん》し、関東地方に上陸した後、13日午後3時ごろに太平洋にぬける予測であった（上図）。しかしその1日後の9日午後3時の予測では、近畿地方には近づかず、12日夜から13日午前3時ごろに関東地方に上陸する予想に変わっていた（下図）。

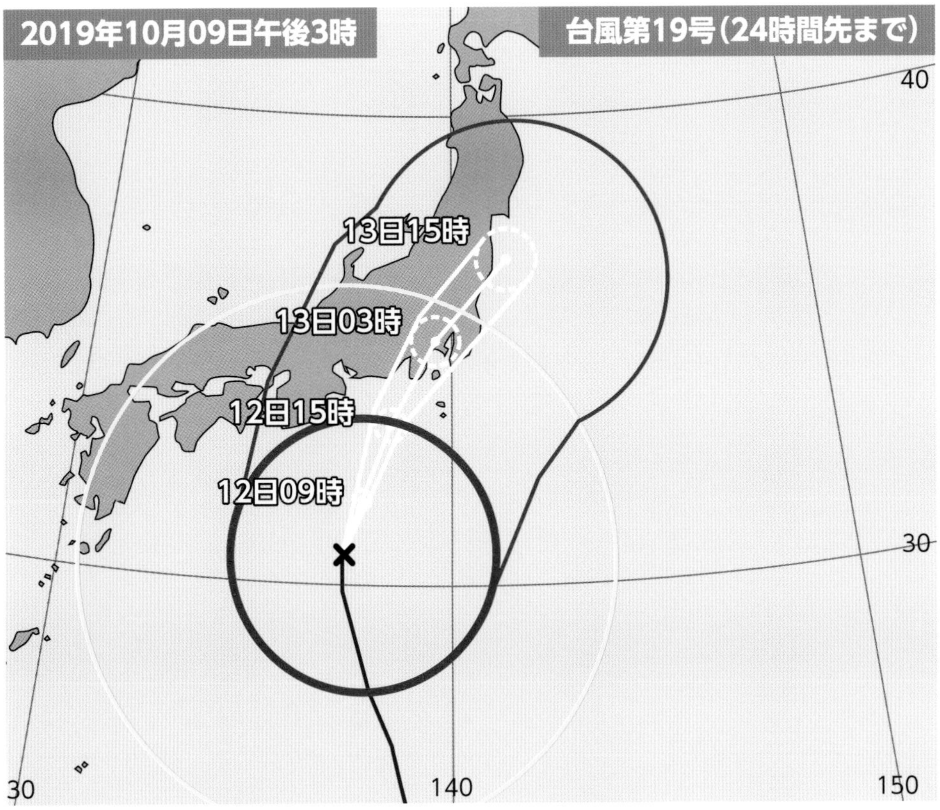

（出典：気象庁ホームページを参考に作成）

4 河《か》川《せん》の氾《はん》濫《らん》はどうやって予《よ》測《そく》するか

前 仕組みを整え 河《か》川《せん》氾《はん》濫《らん》を予《よ》測《そく》！

河川《かせん》の氾濫予測《はんらんよそく》は、河川に流れこむ雨の量を予測することで行われます。河川に流れこむ雨量の情報《じょうほう》をもとに、河川の水位がどのくらい上昇《じょうしょう》するのかを予測します。河川の水位が高くなればなるほど、氾濫の可《か》能性《のうせい》が高くなるからです。

そのため、洪水《こうずい》の被害《ひがい》をもたらしそうな大きな河川には、あらかじめ危険《きけん》水位が定められています。その危険水位を超《こ》えるかどうかが、洪水発生の基準《きじゅん》になります。

その上で、水位がもっとも高くなる時間を予測します。当然のことですが、河川の水は上流から下流に流れていくため、上流のほうが早く水位が高くなり、時間差で下流の水位が高くなります。そのため、上流の水位が高くなる時間がわかれば、下流の水位が高くなる時間を予測することができるのです。

国土交通省《こくどこうつうしょう》では「川の防災《ぼうさい》情報」というホームページの中で、下図のような「水位

川の水位情報などをいつでも確《かく》認《にん》できる「川の防《ぼう》災《さい》情《じょう》報《ほう》」

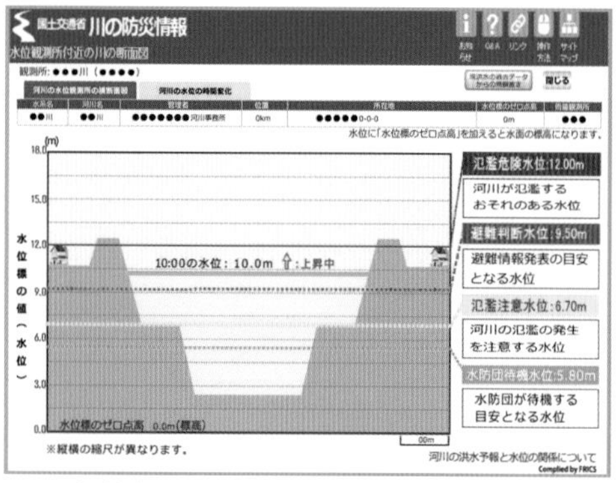

水位情報《じょうほう》の見方の説明ページ

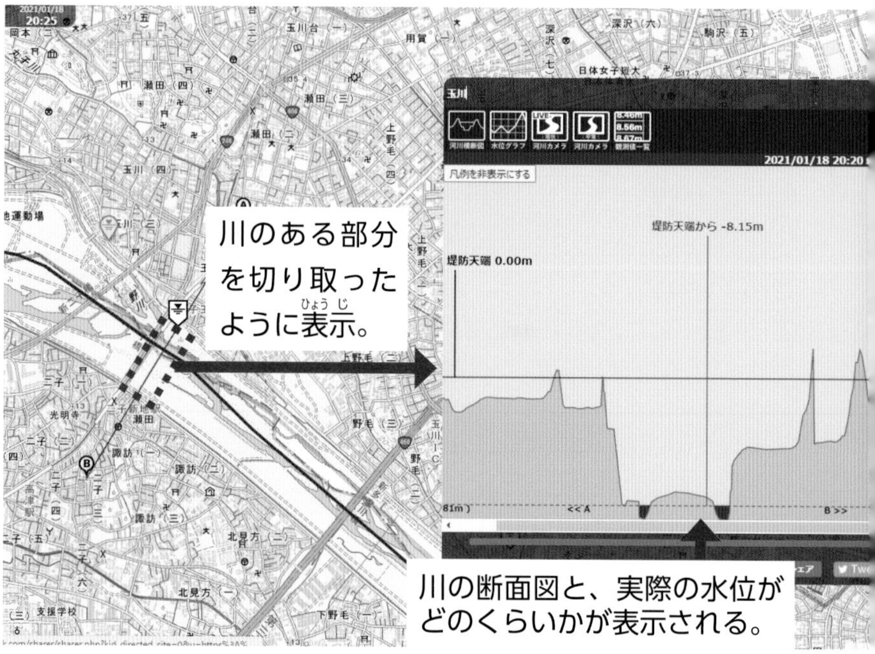

二子玉川付近の玉川の水位情報の表示例

川の防災情報《ぼうさいじょうほう》（https://www.river.go.jp/portal/#80）では、自分が住んでいる場所の近くの河川《かせん》などについて、大雨の発生時には水位がどれくらい上がっているのか、などの情報を得《え》ることができる。

（出典：川の防災情報ホームページより）

観測所付近の川の断面図《だんめんず》」を公開し、水位が高くなっている時には、赤字で「↑上昇中」と表示《ひょうじ》して、河川の周辺地域《ちいき》に警戒《けいかい》をうながしています。

こうした仕組みが整っていることで、洪水をある程度《ていど》予測することができています。洪水の発生が予想される時には、早めの情報収集《しゅうしゅう》を行いましょう。

小雨《こさめ》でも河川《かせん》はキケン！

洪水《こうずい》の発生は、河川《かせん》に流れこむ水の量に大きく関係します。そのため、河川に流れこむ雨が、河川全体でどれだけ降《ふ》ったかを予測《よそく》することが重要になります。なぜなら、河川は長い距離《きょり》にわたって流れているため、自分が住んでいる地域《ちいき》にあまり雨が降っていなくても、洪水が起こる可能性《かのうせい》があるからです。

たとえば、2015年に発生した「平成27年9月関東《かんとう》・東北豪雨《とうほくごうう》」では、栃木県や茨城県を流れる鬼怒川《きぬがわ》が氾濫《はんらん》し、下流域の茨城県常総《じょうそう》市を中心に大きな被害《ひがい》が発生しました。この時、常総市付近では、1日に150mm程度《ていど》のやや強い雨しか降っていませんでしたが、上流域の栃木県日光市付近では1日に500mmを超《こ》える雨が降り、過去《かこ》最大の雨量が観測されていました。

「平成27年9月関東《かんとう》・東北豪雨《とうほくごうう》」では、常総《じょうそう》市役所も浸水《しんすい》し、屋上には救助《きゅうじょ》をまつ人たちが大勢《おおぜい》いた。

コラム

豪《ごう》雨《う》による河川《かせん》の氾濫《はんらん》を防《ふせ》ぐ、ダムの役《やく》割《わり》

「平成 27 年 9 月関東《かんとう》・東北豪雨《とうほくごうう》」で、栃木県から茨城県にかけて流れる鬼怒川《きぬがわ》の堤《てい》防決壊《ぼうけっかい》により、茨城県常総《じょうそう》市付近が大きな被害《ひがい》にあったことは 29 ページで触《ふ》れた通りです。

しかし、この時、鬼怒川の上流にある 4 つのダム (湯西川ダム・五十里《いかり》ダム・川俣《かわまた》ダム・川治《かわじ》ダム) が、降雨《こうう》の状況《じょうきょう》や下流にある河川《かせん》の水位の状況などを確認《かくにん》しながら、可能《かのう》なかぎりの雨水を貯《た》めることによって、被害軽減《けいげん》に努めていました。

そもそもダムには、「利水」と「治水」の 2 つの目的があります。

利水とは、わたしたちが、水を利用しやすくすることです。普段《ふだん》使っている水道のほか、田んぼや畑に水を届《とど》けることも利水です。

そしてもうひとつの治水とは、大雨などの際《さい》に、川の水量をできるだけ調節することで、洪水《こうずい》を防《ふせ》ぐことです。

鬼怒川にかぎらず、日本の大きな河川の上流にはたくさんのダムがあり、利水・治水に活用されているのです。

しかし、それでも、豪雨などの水量を完全にコントロールできるわけではなく、「平成 27 年 9 月関東・東北豪雨」のように、降《ふ》り注《そそ》ぐ大量の雨を支《ささ》えきれないこともあるのです。ちなみに、「平成 27 年 9 月関東・東北豪雨」の時には、4 つのダムで約 1 億㎥もの水を貯めていました。

鬼怒川《きぬがわ》上流（栃木県日光市）にある湯西川ダムの平常時《へいじょうじ》の様子。ひとたび、大雨が発生すれば、川に流れる水量を調節することで、河川氾濫《かせんはんらん》などを防《ふせ》ぐ「治水」の役割《やくわり》を担《にな》っている。

第3章

災《さい》害《がい》事前情《じょう》報《ほう》はここで手に入れ、こう生かせ！

1 平《へい》常《じょう》時《じ》に知っておきたい情《じょう》報《ほう》は？

平常時《へいじょうじ》の情報《じょうほう》にはどんなものがあるの？

災害《さいがい》が発生してからあわてないためにも、災害の発生などが見こまれない「平常《へいじょう》時《じ》」に知っておきたい情報《じょうほう》があります。

❶ 危険《きけん》な場所や避難《ひなん》場所はどこ？

自分の住んでいる場所の情報《じょうほう》が必要です。住んでいる場所には、どのような災害《さいがい》が発生する可能性《かのうせい》があるのかということを、前もって知っておくことは大切です。

洪水《こうずい》になったら、どれくらいの水が、どこまで広がるのか、地震《じしん》の時には、地盤《じばん》は大丈夫《だいじょうぶ》なのか、火災が発生する可能性があるのかなどの情報です。

さらに災害が発生したらどこに避難《ひなん》したらよいのかという情報も大切です。「避難場所」を前もって知っておかないと、いざという時にあわててしまい、すぐに逃《に》げることができません。

それらの情報は、自分が住んでいる、市や町などの自治体が発表している「ハザードマップ」にあります。

最近では、ハザードマップをインターネット上に公開する自治体も増《ふ》えていますので、あらかじめURL《ユーアールエル》などを確認《かくにん》しておくとよいでしょう。

❷ 事前に何を用意しておく？

いざ災害《さいがい》が起こってしまった時に、安全に避難《ひなん》するためや、避難後の生活を少しでも快適《かいてき》にするために必要なものにはどのようなものがあるのかを考え、“非常用《ひじょうよう》持ち出し”として用意し、それをどこに置いておくかなどを決めておく必要があります。

特に大きな災害では自動車や列車などの交通手段《しゅだん》が止まったりすることで物の移動《いどう》ができなくなってしまうので、常備薬《じょうびやく》など、必要なものが手に入りにくくなります。いざという時のためにも普段《ふだん》から必要なものは準備《じゅんび》をしておきましょう。

また、“非常用持ち出し”は、半年ごと、1年ごとのように一定の期間を決めて中に入っているものを確認《かくにん》し、非常食などの期《き》限《げん》切《ぎ》れなどがないようにしましょう。

❸ 家族は大丈夫《だいじょうぶ》？

災害《さいがい》は、いつ、どこで起きるのかわかりません。学校にいる時だったり、家にいる時だったりと、さまざまです。その時に、家族全員が一緒《いっしょ》だとはかぎりません。

災害が起きた時に、家族が無事でいるのかどうか、とても気になります。家族同士で避難《ひなん》する場所や連絡《れんらく》する方法などは、きちんと決めておきましょう。

ラインなどのSNS《エスエヌエス》を活用して、普段《ふだん》から家族全員が参加するグループなどを作っておくと、万が一の際に役立ちます。

また、家族のだれもが「災害《さいがい》用伝言ダイヤル」などが使えるように、電話番号や操《そう》作《さ》手順などを確認《かくにん》しておくことも大切です。

前 ハザードマップで住んでいる場所の危険《きけん》と対策《たいさく》を知ろう

住んでいる場所の情報《じょうほう》として、最初に入手したいものが「ハザードマップ」です。

ハザードマップとは、自然災害《さいがい》によって発生する被害《ひがい》を小さくすることを目的に、危険《きけん》が予測《よそく》される地域《ちいき》、また避難《ひなん》場所や避難経路《けいろ》などの防災情報が書きこまれた地図です。地震《じしん》や津波《つなみ》・高潮《たかしお》、土砂《どしゃ》災害、洪水《こうずい》、火山の噴火《ふんか》など、その地域で起こる可能性《かのうせい》がある災害の種類に合わせたものが、それぞれの地域にあります。

近年では台風や大雨による洪水被害も増《ふ》えていることから、あらためてハザードマップの大切さが見直されています。

❶ わが家の周りには、どんな危険《きけん》があるの？

ハザードマップは、その地域《ちいき》の土地の成り立ちや、災害《さいがい》が起こりやすい地形や地盤《じばん》の特徴《とくちょう》、これまでどんな災害があったかなどの情報《じょうほう》をもとにして作られたものです。災害が発生した時には、どのあたりにどのような危険性《きけんせい》があるのかを確認《かくにん》する上で、とても重要ですので、必ず入手しておくべきです。

ただし、ハザードマップに頼《たよ》り切《き》ってしまうことはよくありません。ハザードマップで危険な地域になっていなくても、災害が起きそうな時は必ず警戒《けいかい》しましょう。「自分の家は大丈夫《だいじょうぶ》」、「まだ避難《ひなん》しなくてもいい」といった思いこみが、被害《ひがい》を大きくすることがあるからです。

❷ 災害《さいがい》発生時、どこへ逃《に》げればいい？

ハザードマップを手に入れたら、手元に置いておくだけ、見るだけではダメです。

「どこへ避難《ひなん》するのか」、「どこを通って避難場所へ行くのか」を確認《かくにん》するため、実《じっ》際《さい》に避難経路《けいろ》を歩くことが大切です。実際に歩き、避難場所までの時間や、途中《とちゅう》の道に倒《たお》れやすい塀《へい》などがないかなど、気をつけなければならない場所を確認します。

いざという時にあわてて地図を見ながら避難するのでは、時間がかかり大変危険《きけん》ですから、必ず前もって実際に歩いて体験してみましょう。

たとえば、津波《つなみ》の時です。地震《じしん》と同様に、将来的《しょうらいてき》な津波の発生を予測《よそく》することはできませんが、万が一の時に、どのような避難行動をとるべきか、どこへ避難すべきかという情報《じょうほう》をハザードマップから入手し、実際に歩いてみることは重要です。

実際に津波が起こったことを想定して、避難する場所などを確認しながら、家族や友だちと一緒《いっしょ》に避難の練習をしてみましょう。

❸ ハザードマップは、最新のものを！

ハザードマップは、住んでいる市区町村の役所で手に入れることができますし、ホームページからも確認《かくにん》することができます。

ハザードマップは、万が一の災害《さいがい》の時に、どこが危険《きけん》な場所なのかを示《しめ》すものですが、近年は災害の規模《きぼ》が「想定外」に大きくなっているために、今までは大丈《だいじょう》夫《ぶ》だったところが、危険《きけん》な場所になっている、ということがあります。

東日本大震災《ひがしにほんだいしんさい》(2011 年)の時には、「100年に1度の大災害でも耐《た》えられる」と評価《ひょうか》されていた建物が被害《ひがい》を受けるといったことがありました。こうした経験《けいけん》から、国や自治体はハザードマップ自体を大きく見直すことになりました。

このように、ハザードマップが作り直されると、古いハザードマップでは役に立たないこともあるので、常《つね》に最新のハザードマップを入手することが重要です。

前

過去《かこ》の災害《さいがい》発生日は、メディアで災害を学ぶ絶好《ぜっこう》のチャンス

過去《かこ》に災害《さいがい》が発生した日には、テレビや新聞、雑誌《ざっし》などで、特別番組が放送されたり、特集記事が組まれたりします。

たとえば、9月1日の「防災《ぼうさい》の日」は、1923 年の9月1日が関東大震災《かんとうだいしんさい》の発生日であったため、その教訓を長く後世に伝える意味もあって制定《せいてい》されたものです。防災の日には、学校や会社などさまざまな場所で防災訓練が行われたり、地震《じしん》や火災のこわさを学べる講習会《こうしゅうかい》が行われたりします。

また、阪神《はんしん》・淡路大震災《あわじだいしんさい》が発生した1月17日、東日本大震災《ひがしにほんだいしんさい》が発生した3月11日などにも、それぞれの被災地《ひさいち》の復興状況《ふっこうじょうきょう》がテレビのニュース番組や新聞、雑誌などで取り上げられたりします。

こうしたテレビ番組や新聞、雑誌では、あらためて過去の災害の様子をふり返ったりもします。それによって過去の災害のこわさを知り、万が一の場合に備《そな》えることの重要性《じゅうようせい》を確認《かくにん》することができます。

そうした情報《じょうほう》は、“自分が災害にあったらどうするか”ということを考えるきっかけになり、また大切な教訓を学ぶことにもなるので、積極的に情報収集《しゅうしゅう》するとよいでしょう。

前

新聞・雑誌《ざっし》・インターネットならば、いつでも学べる

テレビ番組などの場合は、放送を見逃《みのが》してしまうこともありますが、新聞や雑誌《ざっし》であれば保存《ほぞん》ができるので、自分の都合で後から読むこともできます。

また、インターネットサイトの情報《じょうほう》についても、自分が知りたいことにしぼって情報を取得《しゅとく》することができますし、スマートフォンなどを活用できるのであれば、時間や場所を気にせずに、必要な情報に接《せっ》することができて便利です。

ただし、どのようなサイトで情報を得《え》るのかは重要です。どこのだれが発信しているかわからない情報や、聞いたこともない団体・組織名で発信されている情報などは、たとえどんなにもっともらしい内容に見えても、その情報だけで信じてしまうのは危険《きけん》です。自分にとって重要な情報であればあるほど、複数のサイトなどの情報を取得して確認《かくにん》する慎重《しんちょう》さを忘《わす》れてはいけま

せん。

また、インターネットを活用して情報を集めようという場合には、できるだけ政府《せいふ》や自治体などの公的機関や、新聞社など信《しん》頼性《らいせい》の高いサイトの情報を重視《じゅうし》すべきです。いい加減《かげん》な情報やウソの情報を信じてしまうと、いざという時に命を危険にさらすことにもなりかねません。

災害《さいがい》関連の情報は、特に信頼性を重視する必要があります。

ハザードマップポータルサイトで、自分の市区町村のハザードマップが見られる

ここをクリックすると、日本地図が表示《ひょうじ》され、調べたい場所を選ぶことができる。

https://disaportal.gsi.go.jp/

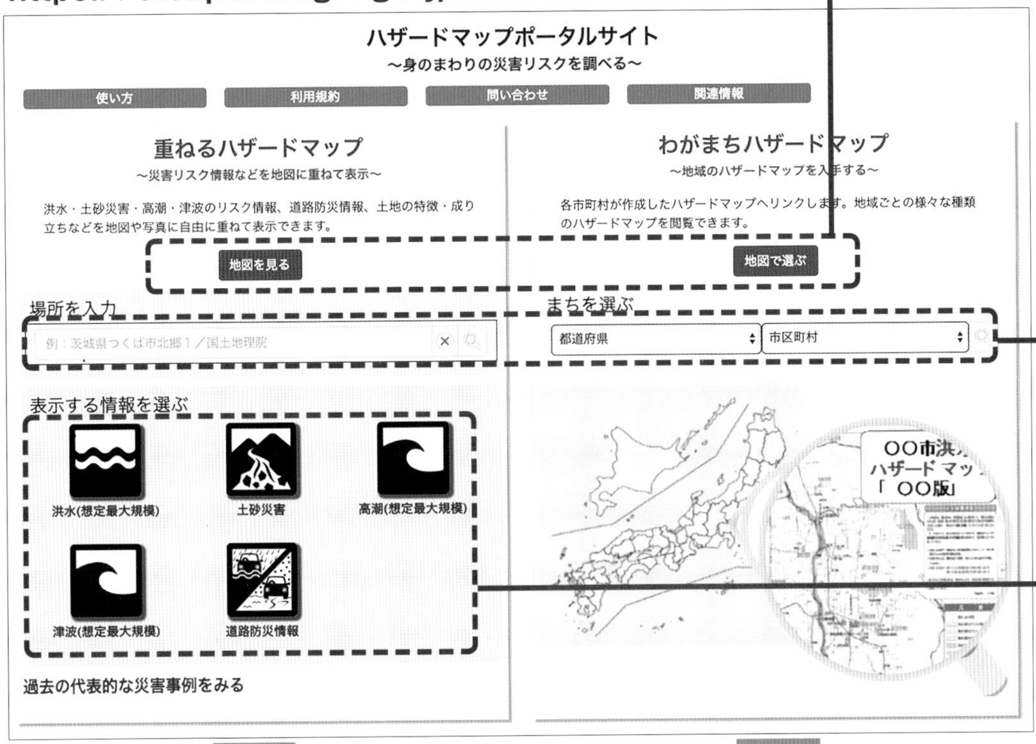

入力窓《にゅうりょくまど》に、調べたい場所を直《ちょく》接《せつ》記入したり、メニューから選ぶことができる。

洪水《こうずい》や津波《つなみ》など、どんな災害《さいがい》のリスク情報《じょうほう》がほしいのかを選ぶことで、いろいろな情報を入手できる。

調べたい場所を入力し、どんな災害情報《さいがいじょうほう》（洪水《こうずい》、津波《つなみ》など）について確認《かくにん》したいのかを選ぶことで、1つの地図の上に、いくつものリスク情報を重ねて見ることができる。

都道府県を選び、市区町村をしぼりこむと、その市区町村が公開しているホームページへのリンク情報《じょうほう》が表示《ひょうじ》され、ほしいハザードマップを入手することができる。

（出典：ハザードマップポータルサイトのホームページを参考に作成）

2 警《けい》戒《かい》期《き》の事前情《じょう》報《ほう》って何？

前　中

リアルタイム情報《じょうほう》に強い テレビ・ラジオ

災害《さいがい》が迫《せま》ってくることがわかっていて、警戒《けいかい》が必要な時期を「警戒期」といいます。事前情報の中でも、警戒期の情報には、より速報性《そくほうせい》が求められることはいうまでもありません。

ただし、地震《じしん》や火山の噴火《ふんか》は事前に予知することができないため、警戒期はないか、あっても極《きわ》めて短い期間となります。

これに対して、台風などの場合には、日本列島から遠《とお》く離《はな》れた場所で発生し、その時点である程度《ていど》の進路予測《よそく》がされ、たとえば「3日後に関東地方を直撃《ちょくげき》するかもしれない」という事前情報が発信されます。このような場合の「3日間」がまさに警戒期にあたります。

警戒期に必要な事前情報は、「前兆《ぜんちょう》情報」や「予報《よほう》」、「警報」が中心となり、台風であれば、特に「予報」、「警報」が情報としての重要度を増《ま》します。

このような警戒期の事前情報を得《え》るには、速報性の高いメディアを活用する必要があります。つまり、テレビやラジオということになります。

特に、気象庁《きしょうちょう》などが発表する台風の進路予想や大きさ・強さに関する更新《こうしん》情報などは、できるだけリアルタイムに入手する必要があります。情報入手の遅《おく》れが避難《ひなん》の遅れにつながり、避難の遅れが命を危険《きけん》にさらしてしまうことにもなりかねないからです。

災害時《さいがいじ》に役立つ乾電池式《かんでんちしき》のポータブルラジオや乾電池などは用意しておきたい。ただし、乾電池にも使用推奨《しようすいしょう》期限《きげん》があるので、定期的に見直しすることも忘《わす》れずに。

前 中

いざという時には、どうやって逃《に》げたらいい？

災害情報《さいがいじょうほう》によって避難《ひなん》が必要となる場合があります。その場合は、まずはハザードマップを確認《かくにん》しましょう。身の回りの危険《きけん》な場所はどこなのかを再確認《さいかくにん》します。

さらに非常用《ひじょうよう》の持ち出しなども確認しましょう。

これらは、平常時《へいじょうじ》に用意しておいたものですから、いざという時のために再確認しておきます。

避難の必要がある時には、ハザードマップにしたがって避難場所にすみやかに移動《いどう》します。気象庁《きしょうちょう》が発表している台風の進路や強さと、ハザードマップを照らし合わせて、自分の住んでいる場所が危険であるとわかった場合は、避難勧告《かんこく》等が出る前であってもためらわずに避難しましょう。雨が強くなってきたり、夜になったりしてからでは、避難することが逆《ぎゃく》に危険になる場合もあります。したがって、安全に避難できるうちに行動に移《うつ》すことも大切です。

前 中

個別《こべつ》の地域情報《ちいきじょうほう》はインターネットで

全国放送のテレビやラジオでは、特定の地域《ちいき》の情報《じょうほう》を詳《くわ》しく知ることができない場合があります。地域の情報を、リアルタイムで知るには、インターネットを使って住んでいる自治体のホームページなどで、住んでいる地域にどれだけの雨が降《ふ》り、どんな被害《ひがい》が予想されているのかを確認《かくにん》しましょう。また、気象庁《きしょうちょう》のホームページにもリアルタイムの予報《よほう》などが掲載《けいさい》されるので、そちらも見ておくといいでしょう。

さらに洪水《こうずい》などの情報を知るには、河川《かせん》によっては国土交通省《こくどこうつうしょう》が監視《かんし》カメラを設置《せっち》しているところもあります。インターネットを通じてそれをリアルタイムで見ることができるため、どれだけ危険《きけん》が迫《せま》っているのかを確認することができます。

災害《さいがい》が迫《せま》っている警戒期《けいかいき》や、災害が発生してしまっている状況では、最初から信頼《しんらい》性《せい》の高い情報源《じょうほうげん》から必要な情報を入手すべきです。政府《せいふ》や自治体の公式ツイッターアカウントをフォローしたり、新聞社や放送局などのニュースアプリなどをあらかじめダウンロードしておくとよいでしょう。

ただし、インターネットは停電《ていでん》やアクセスが集中することで回線がパンクすることもあるので、そのようなことにも注意が必要です。

事前にもっておきたいアプリなど

NHKニュース・防災《ぼうさい》
NHKの防災情報《ぼうさいじょうほう》や速報を確《かく》認《にん》できる。

Yahoo! 防災速報《ぼうさいそくほう》
地震《じしん》や豪雨《ごうう》などの災害情報《さいがいじょうほう》を通知。

自治体ごとに専用《せんよう》アプリが用意されていることもあるので、自分の住む地域《ちいき》のアプリを調べてみよう。

3 災《さい》害《がい》別《べつ》に見る メディアからの情《じょう》報《ほう》

前

地震《じしん》の事前情報《じょうほう》には ハザードマップを活用

ハザードマップはさまざまな災害《さいがい》に対応しており、地震《じしん》に関する重要な情報《じょうほう》も入っています。

地方自治体などの中には、ハザードマップのひとつとして、「揺《ゆ》れやすさマップ」を発行しているところもあります。これは、大きな地震が発生した際《さい》に、倒壊《とうかい》してしまう建物が多いエリアなのか、少ないエリアなのかを色分けで示《しめ》していたりするものです。

地震では、建築物《けんちくぶつ》が倒《たお》れたり火災《かさい》が発生したりする危険《きけん》も考えられます。このため、道路も通行できなくなる場合もあります。指定された緊急避難《きんきゅうひなん》場所や指定避難所への行き方を調べて、実際《じっさい》に歩いてみることでそのような事態《じたい》にも対応《たいおう》できるでしょう。

自治体によっては、地域《ちいき》の帰宅困難者《きたくこんなんしゃ》(地震などの災害により、帰宅することが難《むずか》しくなってしまった人たち）を一時的に受け入れる施設《しせつ》を紹介《しょうかい》するなど、避難に関する役立つ情報を工夫《くふう》しています。さらに、こうした情報にもとづいて、家族全員で、万が一の場合の避難場所や、避難ルートなどについて、確認《かくにん》し合うことが大切です。

前 中

津波《つなみ》の事前情報《じょうほう》には 地域《ちいき》の標識《ひょうしき》なども重要

津波《つなみ》は、地震《じしん》が原因《げんいん》となって発生します。地震発生からわずかな時間で押《お》し寄《よ》せてくるので、津波の可能性《かのうせい》があれば、とにかく高いところへ逃《に》げることを優先《ゆうせん》しなくてはなりません。その際《さい》、指定緊急避難《きんきゅうひなん》場所への避難だけでなく、もっとも近くてすぐに移動《いどう》できる高台や、高くて頑丈《がんじょう》な建物も前もって確認《かくにん》しておきましょう。

地震と同様に、将来的《しょうらいてき》な津波の発生を予《よ》測《そく》することはできません。しかし、いざという時に、どのように避難行動をとるべき

津波《つなみ》に関連した標識《ひょうしき》

津波避難《つなみひなん》場所

津波避難ビル

津波注意

津波の危険《きけん》がある場所では、「津波注意」や、津波避難場所や津波避難ビルを示す津波標識《ひょうしき》が設置《せっち》されている。

か、どこへ避難すべきかといった情報《じょうほう》を、事前に入手・整理しておくことは、とても重要です。

津波の被害《ひがい》が発生しそうな地域《ちいき》には、津波が起こった時に避難できる場所を示《しめ》す「津波避難場所」や「津波避難ビル」の標識《ひょうしき》が設置《せっち》されています。津波避難ビルとは、津波発生時に、一時的な避難場所として使用できる頑丈な建物のことです。

津波がやってくる危険《きけん》がある場所には、「津波注意」の標識が設置してあるところもあります。

また、津波にあうのは自宅《じたく》にいる時とはかぎらないので、学校やよく行く場所からの避難場所を確認することも大切です。

メディアを通して発信される津波警報《けいほう》・津波注意報などの情報だけではなく、実際の避難経路を歩いてみて、地域にあるこうした標識の意味を知っておくと、すみやかな避難の手助けになります。

前 中

台風の事前情報《じょうほう》は速報性《そくほうせい》のあるメディアから

台風に関する情報《じょうほう》は時々刻々《じじこっこく》と変わっていきます。台風の被害《ひがい》から身を守るためには、常《つね》に最新の情報を手に入れることが大切です。

そのため、テレビやラジオといった速報《そくほう》性《せい》の優《すぐ》れたメディアを活用しましょう。

テレビでは台風の進路予想や、大きさ、強さといった情報を映像《えいぞう》で見ながら確認《かくにん》することができます。

地元のラジオでは、それぞれの地域《ちいき》に密《みっ》着《ちゃく》した情報を伝達してくれるため、防災《ぼうさい》・減災《げんさい》のための準備《じゅんび》や避難《ひなん》をすることができます。

また、気象庁《きしょうちょう》のホームページには、テレビやラジオよりも詳《くわ》しい台風の情報が載《の》っているため、インターネットも積極的に活用して情報を集めましょう。

ただし、インターネットで情報収集《しゅうしゅう》する場合に、情報源《じょうほうげん》の信頼性《しんらいせい》が極《きわ》めて重要になります。SNS《エスエヌエス》などで個人《こじん》が発信している情報よりも、気象庁などをはじめとする信頼性の高い公的な情報を優先《ゆうせん》するように心がける必要があります。

なお、メディアが台風情報を伝える時には、台風の大きさや強さとともに、雨の強さや降《ふ》り方《かた》、風の強さなども伝えます。

たとえば「1時間に30mmの雨」が降る場合には、「強い雨」、「土砂《どしゃ》降り」といった表現《ひょうげん》が使われることがあります。

こういった表現がどのような雨や風を意味するのかをきちんと知っておくと、台風に関する情報の理解《りかい》を助けてくれます。

大雨・洪水《こうずい》の事前情報《じょうほう》は リアルタイムのものを！

前 中

雨によって引き起こされる大雨、洪水《こうずい》といった災害《さいがい》は、地震《じしん》や津波《つなみ》とは違《ちが》って、大雨の発生や、河川《かせん》水位が上昇《じょうしょう》しはじめてから、災害規模《きぼ》になるまでに、一定の時間があることから、つい避難に対する意識《いしき》が低くなってしまいます。

急に強く降《ふ》る「局地的大雨」や「集中豪《ごう》雨《う》」を除《のぞ》けば、大雨は予測《よそく》しやすい災害です。また、警報《けいほう》や注意報、避難情報《ひなんじょうほう》が発信されてから、実際《じっさい》の被害《ひがい》が発生するまでにも多少の時間があります。だからこそ、被害を小さくするための、早めの情報収集《しゅうしゅう》と早めの行動が大切になるのです。

テレビやラジオで大雨に関する情報を見聞きしたら、インターネットを使って気《き》象庁《しょうちょう》や自治体などのホームページを検索《けんさく》し、住んでいる地域《ちいき》にどれだけの雨が降るのか、どんな被害が予想されているのかを確認《かくにん》しましょう。

2018年に発生した「平成30年7月豪《ごう》雨《う》（西日本豪雨《にしにほんごうう》）」では、西日本を中心にたくさんの河川《かせん》が氾濫《はんらん》し、死者数が200人を超《こ》える大きな災害となりました。

特に7月6～8日にかけては、これまでに経験《けいけん》したことのないような大雨が予測されたため、気象庁は臨時《りんじ》の記者会見を開いて強い警戒《けいかい》が必要であることを発表し、1府10県に大雨特別警報を出しました。

それにもかかわらず、災害の発生から1か月後にNHK《エヌエイチケイ》が行った調査《ちょうさ》では、こうした警報が正しく受け止められていなかったことがわかっています（下図参照《さんしょう》）。

なぜなら、避難するきっかけが「自分の周りの状況《じょうきょう》が悪くなってから」であることや、避難する時に参考にした情報が「特にない」ことから、たくさんの人が実際の危険を目にするまで避難をしていなかったことが推測《すいそく》されるからです。

大雨は、大きな被害をもたらす災害のひとつです。たかが雨だと見くびるのではなく、早め早めの情報収集を行い、避難の行動につなげましょう。

■災害時《さいがいじ》の避難《ひなん》のきっかけは、「周囲の環境《かんきょう》の悪化」

最初に避難《ひなん》するきっかけになったのは何か

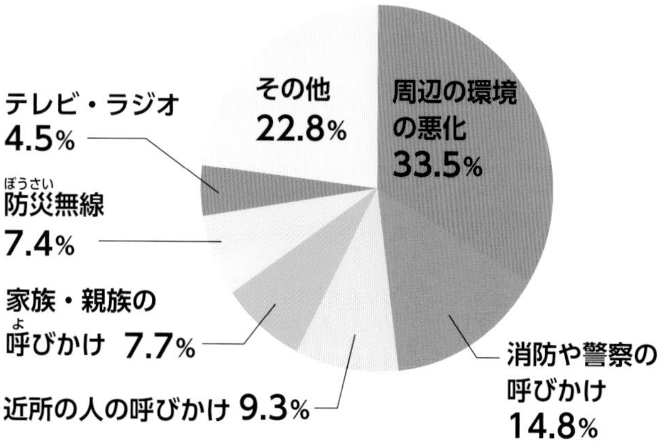

避難《ひなん》する際に参考にした情報《じょうほう》は何か

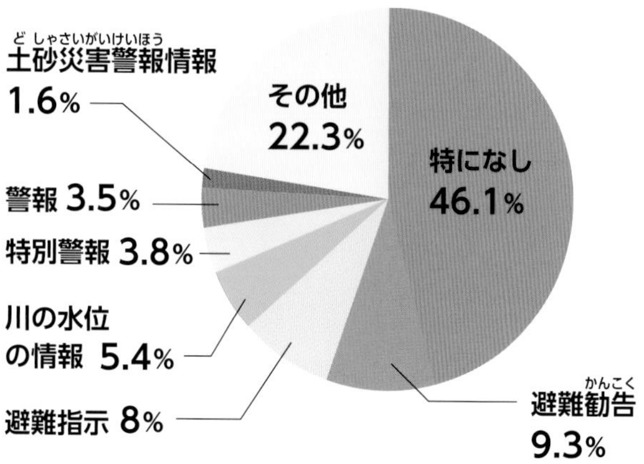

NHK被災者アンケート（広島県、岡山県、愛媛県の被災者310人対象）
※NHKWEB：「西日本豪雨1か月「今後の住まい」に不安 被災者アンケート」（2018年8月6日05時06分）より国交省作成

前 中

河川《かせん》の氾濫《はんらん》の事前情報《じょうほう》は？

気象庁《きしょうちょう》では、洪水《こうずい》の発生が予測《よそく》される時に、「指定河川《かせん》洪水予報《よほう》」を発表して警戒《けいかい》を呼《よ》びかけます。これには、「氾濫《はんらん》注意情《じょう》報《ほう》」、「氾濫警戒情報」、「氾濫危険《きけん》情報」、「氾濫発生情報」の４つがあります。

指定河川とは、２つ以上の都府県にまたがるような大きな河川のことで、洪水によって大きな被害《ひがい》が考えられるものを指しています。

指定河川洪水予報が発表されると、その情報は都道府県などの自治体に伝えられ、その後、自治体やメディアを通じて、洪水が発生しそうな地域《ちいき》に住む人に伝達されます。もちろん、気象庁や自治体のホームページでも、洪水の情報を得《え》ることができます。

また、気象庁では指定河川洪水予報の対象にならない中・小規模《きぼ》の河川についても、「洪水警報・洪水注意報」や「洪水警報の危険度分布《ぶんぷ》」などを発表して警戒をうながします。

インターネットでも さまざまな情報《じょうほう》が得《え》られる

さらに、河川《かせん》によっては、国土交通省《こくどこうつうしょう》が監視《かんし》カメラを設置《せっち》しているところもあります。テレビやインターネットなどを通じて河川の様子をリアルタイムで見ることができるため、どれだけ危険《きけん》が迫《せま》っているかを映像《えいぞう》で確認《かくにん》することができます。

洪水の発生が予測される時には、下表のようにさまざまな情報が発信されています。しかし、全国放送のテレビ番組などでは、自分が住んでいる地域《ちいき》の洪水情報を得《え》られない場合があります。

そこで気象庁が発表している情報や、国土交通省が運用している「川の防災《ぼうさい》情報」サイトを活用して情報を集め、すばやい避《ひ》難行動《なんこうどう》ができるようにしましょう。

また、洪水は河川からの浸水《しんすい》だけではなく、内水氾濫《ないすいはんらん》（都市に降《ふ》る雨水は、下水《げすい》管《かん》や排水路《はいすいろ》などを通って流れていきますが、大雨でその処理《しょり》が間に合わず、道路などにあふれ出すこと）もあるので、川が近くにないからといって安心はできません。

■洪水《こうずい》に関する重要な情報《じょうほう》

河川《かせん》の大きさ（流域《りゅういき》面積）や、洪水《こうずい》発生時の被害《ひがい》の大きさなどで河川を分類している。

- ▶**洪水予報河川**　国や都道府県が指定し、区間を定めて水位や水の量などを示して洪水の予報する河川のこと。
- ▶**水位周知河川**　洪水予報河川ほどではないけれど、洪水が発生した場合に被害が発生するおそれがある河川。
- ▶**その他河川**　洪水予報河川、水位周知河川に入らない河川。

大　**流域《りゅういき》面積・洪水《こうずい》時の被害《ひがい》**　小

河川《かせん》の分類	洪水《こうずい》予報河川	水位周知河川	その他河川
洪水《こうずい》に関する重要な情報《じょうほう》	●指定河川洪水予報 ●リアルタイム河川水位（川の防災《ぼうさい》情報）	●水位到達情報《じょうほう》 ●リアルタイム河川水位（川の防災情報） ●洪水警報《けいほう》・注意報 ●洪水警報の危険度分布	●洪水警報・注意報 ●洪水警報の危険度分布

（出典：気象庁ホームページを参考に作成）

4　被害《ひがい》を防《ふせ》ぐ防災《ぼうさい》・減《へ》らす減災《げんさい》

災害《さいがい》は「防《ふせ》ぐ」から「減《へ》らす」へ！

地震《じしん》、台風、大雨などのさまざまな自然災害《さいがい》から人の命や社会の仕組みを守るために、わたしたちは「防災《ぼうさい》」という考え方のもと、たくさんの災害対策《たいさく》を行ってきました。

防災とは、災害が発生する前に、できるだけの対策を実施《じっし》することで、災害による被害《ひがい》を防《ふせ》ぐこと、つまり、その被害をかぎりなく「ゼロ」に近づけることを目的とするものです。

そのため、どんな災害が起きた時に、どのくらいの被害が発生するのかを事前に想定して、それを防ぐための取り組みが行われてきました。

たとえば、河川の堤防《ていぼう》を高くしたり、上流にダムを築《きず》いたりすることで、河川の氾《はん》濫《らん》をできるだけゼロに近づけようとするのが防災です。たとえ大雨が降《ふ》っても、決壊《けっかい》しない堤防があれば、洪水災害は防げるという考え方です。

しかし、1995年に起こった阪神《はんしん》・淡路《あわじ》大震災《だいしんさい》や、2011年に発生した東日本大震《ひがしにほんだいしん》災《さい》をきっかけに、防災の考え方が変わってきています。なぜなら、東日本大震災で「想定外」という言葉があちこちで使われたように、どんなに大きな被害を想定して防災の取り組みを行っても、その想定を超《こ》えるような災害が発生してしまうと、それまでに考えられてきた防災の取り組みが役に立たなくなってしまうからです。

そこで生まれたのが、「減災《げんさい》」という考え方です。減災とは、災害が起こることを前提《ぜんてい》にして、被害をできるだけ“減《へ》らす”ための取り組みを事前にしようとするものです。減災の考え方は、特に地震で重要です。

たとえば、地震の発生は防げませんが、地震に強い建物を作ったり、家の家具を固定具で止めたりすることで、被害を軽くできる可能性《かのうせい》が高まるのです。

国の機関である内閣府《ないかくふ》では、減災に必要な「７つの備《そな》え」をすすめています。

７つの備《そな》え

その１　自助、共助

- 「自助」とは、自分の身は自分で守ること。
- 「共助」とは、家族や地域《ちいき》の人たちと互《たが》いに助け合うこと。
- 自助・共助を実現《じつげん》するためには、災害時《さいがいじ》に「自分でできること」、「家族でできること」、「地域の人とできること」などを、身の回りの人と話し合ったり、考えたりすることが大切。

自助

まずは自分の身を自分で守る

共助

地域《ちいき》や近所で助け合う

その2　地域《ちいき》の危険《きけん》を知る

- 住んでいる地域《ちいき》にどんな危険《きけん》があるのか知っておく。
- ハザードマップが役立つ。

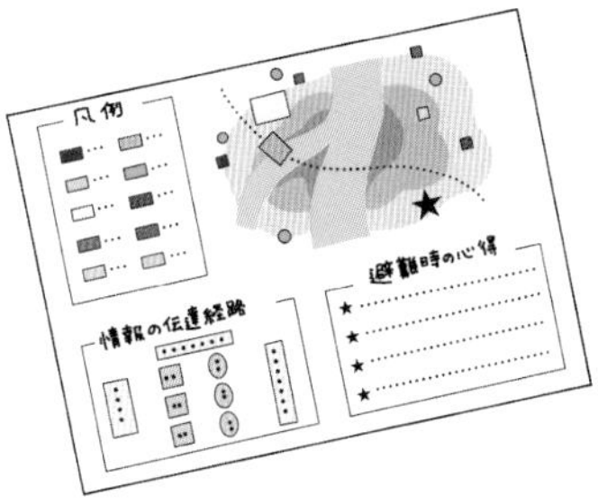

その3　地震《じしん》に強い家

- 今住んでいる家が、地震《じしん》にどれほど強いのか知っておく。
- 1981 年に建物の強さの基準《きじゅん》が変わったので、それがひとつの目安になる。

その4　家具の固定

- 家具の転倒《てんとう》・落下を防《ふせ》ぐためのグッズやアイデアを活用する。

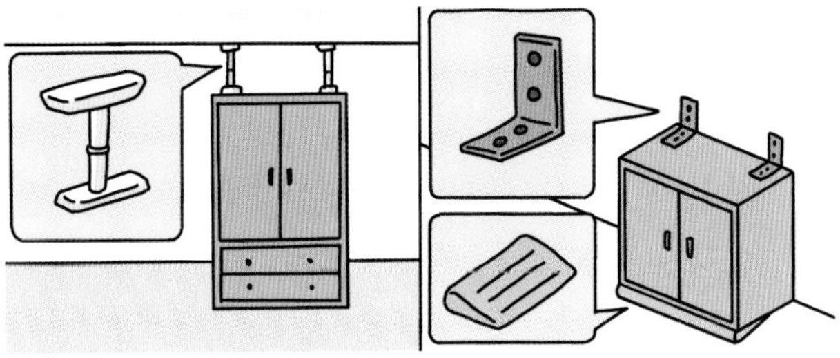

その5　日ごろの備《そな》え

- 災害時《さいがいじ》への備《そな》えは、災害時にしか使わないようなものをそろえるのではなく、普《ふ》段《だん》の生活で使えるもの（たとえば水・食料など）を用意しておくのがポイント。

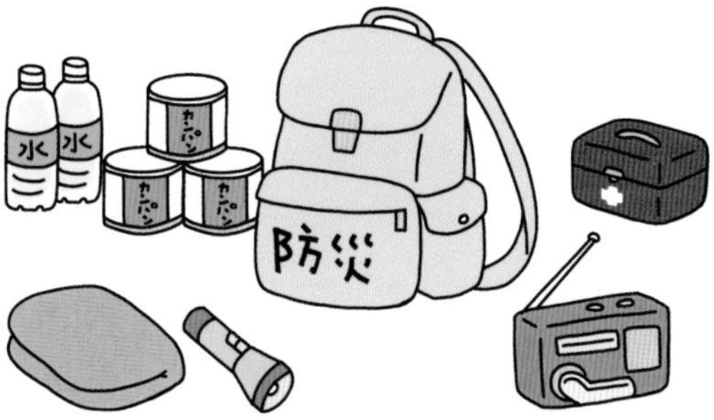

その6　家族で会議

- 家族が離《はな》れているときに災害《さいがい》が起こることもあるので、災害用伝言《さいがいようでんごん》ダイヤルやSNS《エスエヌエス》など家族間の連絡《れんらく》方法や避難《ひなん》場所をあらかじめ家族で話し合っておく。

その7　地域《ちいき》とのつながり

- 普段《ふだん》から地域《ちいき》の人とあいさつを交わしたりしてつながりをつくっておくと、災《さい》害《がい》が起こった時にも助け合うことができる。

コラム

過去《かこ》の災害《さいがい》から学ぶ 災害エスノグラフィー

災害《さいがい》エスノグラフィーって何？

「災害《さいがい》エスノグラフィー」という言葉を聞いたことがあるでしょうか。

災害エスノグラフィーとは、過去《かこ》の災害にあった人の体験を、今後の災害対策《たいさく》に教訓として生かすための取り組みです。

地震《じしん》という災害は、これまでに何度も発生しています。津波《つなみ》や台風、河川《かせん》の氾濫《はんらん》や土砂《どしゃ》くずれなども数え切れないほど発生しています。

しかしどの災害も、その被害状況《ひがいじょうきょう》や規模《きぼ》、発生から終息までの様子はすべて違《ちが》ったものであり、まったく同じ災害はありません。近年は特に、これまでだれも経験《けいけん》したことのないような、「想定外」の地震や台風、洪水《こうずい》などが起こっています。

しかし、それぞれがまったく違った災害であったとしても、あるいは想定外の災害だったとしても、実際《じっさい》の災害の時に人がどのように行動したのか、そしてその行動によって、助かったのか、被害にあったのか、被害を防《ふせ》いだのかなどを詳《くわ》しく知ることで、この先、起きるかもしれない災害において、身を守るための知恵《ちえ》を得《え》ることができるかもしれないのです。

そのためには、実際に災害の場に居合《いあ》わせた人の体験を聞くことがとても重要になってきます。

また、想定外の災害を経験した人に、想定外の災害時の経験を聞くことで、わたしたちが想定外の災害にあった時にどうすべきかを学ぶこともできます。

地域《ちいき》によっては「語《かた》り部《べ》」という形で、過去の災害を今に伝えているところもあります。たとえば、和歌山県内には「稲《いな》むらの火」という伝承《でんしょう》があります。江戸《えど》時代の安政《あんせい》南海地震による大津波が起きた時に、刈《か》り取《と》って干《ほ》している稲の束（稲むら）にわざと火を放ち、火を消そうとした人たちが結果的に高台にきて、多くの命を救ったというものです。これをその土地の方言で語るという活動が行われています。

大昔の災害ではなく、近年に自分が体験したことを話すこと、あるいは聞くことは、時にはつらいことかもしれませんが、過去の災害にもとづく知恵を得ることができることにつながるかもしれないのです。

「津波《つなみ》てんでんこ」に学ぶ

2011 年に起こった東日本大震災《ひがしにほんだいしんさい》では、多くの人が被害《ひがい》にあいました。しかし、岩手県釜石《かまいし》市では、「津波《つなみ》てんでんこ」の合い言葉で、多くの人が助かりました。

鵜住居《うのすまい》小学校と釜石東中学校の児童、生徒たちは、日ごろから津波防災《ぼうさい》教育を受けていて、「津波てんでんこ」と教えられてきていました。

「てんでんこ」とは、「てんでんばらばらに」ということで、「津波てんでんこ」とは、「津波の時には、てんでんばらばらに高所に逃《に》げ、まずは自分の命を守れ」という意味です。

この地域《ちいき》は、明治三陸地震津波《じしんつなみ》（1896 年）、昭和三陸地震津波（1933 年）、チリ地震津波（1960 年）など、昔から大きな津波災害にあってきました。

「津波てんでんこ」は、そうした昔の人の体験にもとづいて、それを言葉にした知《ち》恵《え》であり、まさに災害《さいがい》エスノグラフィーの良い例といえるでしょう。

この先も東日本大震災の時の「津波てんでんこ」が、また先の時代に語《かた》り継《つ》がれて、多くの命を守っていくことになるのでしょう。

東日本大震災《ひがしにほんだいしんさい》から 7 年をすぎて、高台に再建された鵜住居《うのすまい》小学校・釜石東《かまいしひがし》中学校

さくいん

数字

あ

か

さ

た

な

は

ま

や

ら

監修

池上 彰（いけがみ あきら）

1950年長野県生まれ。1973年NHKに記者として入局。松江、呉での勤務の後、東京の報道局社会部記者。事件、事故、気象、災害、教育、消費者問題等を取材。1994年から11年間、NHKの「週刊こどもニュース」のキャスターとして、大人の世界のニュースを、小学生にもわかるように伝える番組の責任者を務める。
2005年にNHKを辞めて独立、現在はフリージャーナリストとして、世界各地を取材し、執筆の傍ら各種メディアにも出演している。主な著書に、『そうだったのか！現代史』（集英社）、『伝える力』（PHP研究所）、監修に『池上彰の新聞活用大事典』『池上彰のみんなで考えよう 18歳からの選挙』『池上彰と考えるフェイクニュースの見破り方』（いずれも全4巻、文溪堂）他多数。

装丁
村口敬太（Linon）

本文デザイン・DTP
有限会社オズプランニング

イラスト
有限会社オズプランニング・酒井由香里

写真提供
カバー・表紙　右上：AFP／アフロ
中央：アフロ
左：PIXTA
本扉：PIXTA
本文：6・12ページ　毎日新聞社／アフロ
7・29・30・45ページ　読売新聞／アフロ
13ページ　AP／アフロ
18・24ページ　アフロ

編集協力
図書印刷株式会社／
有限会社オズプランニング・大野貴之

ISBN 978-4-7999-0391-9 NDC361 48p 293 × 215mm

池上彰と考える
災害《さいがい》とメディア
2 防災《ぼうさい》・減災《げんさい》のための災害予測《よそく》

2021年3月　初版第1刷発行
発行者　水谷 泰三
監　修　池上 彰
発行所　株式会社文溪堂
〒112-8635　東京都文京区大塚3-16-12
TEL　営業（03）5976-1515　　編集（03）5976-1511
ホームページ　https://www.bunkei.co.jp
印刷・製本　図書印刷株式会社